JN060290

精神的成長とは何か？

羽東良夫
HATO Yoshio

文芸社

はじめに

　この本は、「精神的成長」をメイン・テーマに掲げています。

　初めて執筆する本にしては、大きなテーマだなあと、自分自身思いますが、どうしても書きたかったというのが本音です。

　私は、約４年前に独立して「経営コンサルタント」を営んでいますが、主に「人材支援」を実践しております。「人材支援」は、「人材育成」と異なり、「教える」ことはほとんどしていません。「気づいてもらう」ことを主眼としております。

　職業柄、関連しそうな本をこれまで読んできました。

　しかし、どれも「帯に短し、タスキに長し」だと感じてきました。

　例えば、『幸福論』（バートランド・ラッセル著）や『嫌われる勇気　自己啓発の源流「アドラー」の教え』（岸見一郎・古賀史健著・ダイヤモンド社）などを読むと、なるほど「人はどのようになれば不幸に、または幸福になれるのか」や「人の期待を満たすために生きては

3

ならない」などの重要なキーワードを理解することはできます。

　しかし、どのような手段で、どのような注意を払い、どのようなステップを踏めば、そのような人物になれるのかは、さっぱり分かりません。

　すなわち、「結果」は理解できるのですが、「プロセス」は理解できず消化不良の心境でした。

　一方、「アンガーマネジメント」や「マインドフルネス」など、個別の事象については詳しく記載されている書物は多いですが、それだけで実際の「人材支援」に活用することは難しいと感じました。

　この本を読んでいただきたいのは、「社会人」の方々を想定しています。

　つまり、企業や官公庁に勤めて仕事に従事しておられる方々です。

　この本を読んでいただき、どこか一箇所でも、「何かに気づいて」いただければ嬉しい限りです。

　そして、もし興味を持った読者の方がいらっしゃった場合、実際に実践していただけるようにしたいと考えて、参考の書式も用意しました。

　もちろん、この本に書いた「方法」だけで良いとは、全く考えておりません。

　本来、いろいろな「方法」があるのが当たり前だと

思っております。

　むしろ、この本を世に出すことで、より多くの人に
よって改良され修正されることを、心より願っておりま
す。

目次

第5章 「精神的成長」とは何か？ —————— 101

第 **1** 章

働く人にとっての日本の現状

最初に、この第1章では日本の労働環境がどのように変化してきたのかを眺めて、日本の現状を理解していきたいと思います。

　まず、過去から最近まで（明治6年：1873年〜平成22年：2010年）の「産業別就業者比率」の推移（図表1）を眺めてみます。ダイナミックに産業構造が変化してきたことが理解できます。

　次に、2002年から2019年の「産業別就業者比率」の推移（図表2）を眺めてみます。第3次産業が、直近でも徐々に増加していることに気づけます。

　そして、直近（2019年）の第3次産業の内訳（図表3）を眺めてみます。大半が「対人業務」であることが理解できます。

過去の産業の主役は農業だった。江戸時代：80%・明治～大正：50%以上。

第1次産業：農業・漁業・林業　第2次産業：製造業・鉱業・建設業　第3次産業：左記以外

産業別就業者比率の推移（明治-平成）

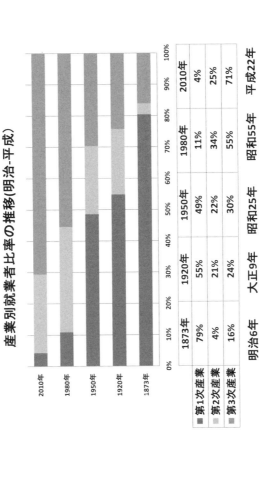

	1873年	1920年	1950年	1980年	2010年
第1次産業	79%	55%	49%	11%	4%
第2次産業	4%	21%	22%	34%	25%
第3次産業	16%	24%	30%	55%	71%
	明治6年	大正9年	昭和25年	昭和55年	平成22年

現在の主役は第3次産業。昭和敗戦後：30%→現在：71%。60年で急激に変化。

図表1　産業別就業者比率の推移（明治-平成）

直近の産業は、第1次は3%で、第2次も23%。さらに、その比率は、減少傾向である。

産業別就業者比率の推移

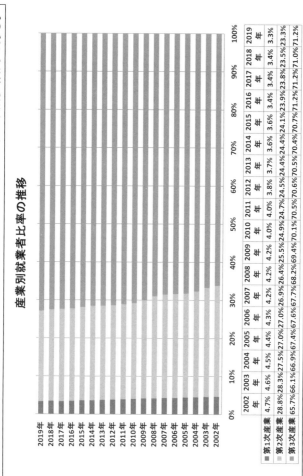

現在の主役は第3次産業であり、直近でも徐々に増加傾向を示している。

	2002年	2003年	2004年	2005年	2006年	2007年	2008年	2009年	2010年	2011年	2012年	2013年	2014年	2015年	2016年	2017年	2018年	2019年
第1次産業	4.7%	4.6%	4.5%	4.4%	4.3%	4.2%	4.2%	4.2%	4.0%	4.0%	3.8%	3.7%	3.6%	3.6%	3.4%	3.4%	3.4%	3.3%
第2次産業	28.8%	28.3%	27.5%	27.0%	27.0%	26.9%	26.4%	25.5%	24.9%	24.7%	24.5%	24.4%	24.4%	24.1%	23.9%	23.8%	23.5%	23.3%
第3次産業	65.7%	66.1%	66.6%	67.4%	67.6%	67.7%	68.2%	69.4%	70.1%	70.5%	70.6%	70.4%	70.5%	70.7%	71.2%	71.2%	71.0%	71.2%

図表2　産業別就業者比率の推移

直近の第3次産業の内訳は、卸売業・小売業、医療・福祉、宿泊業・飲食サービス業で、約半数。

2019年：第3次産業の就業者比率

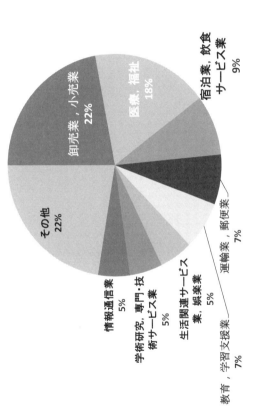

卸売業，小売業
22%

医療，福祉
18%

宿泊業，飲食
サービス業
9%

その他
22%

運輸業，郵便業
7%

情報通信業
5%

学術研究，専門・技
術サービス業
5%

生活関連サービス
業，娯楽業
5%

教育，学習支援業
7%

第3次産業の内、運輸業・郵便業、情報通信業の一部を除いて、大半が「対人業務」である。

図表3　2019年：第3次産業の就業者比率

（1） 日本の産業構造が急激に変化

　日本では、今からおよそ3000年前の弥生時代に始まった稲作を中心とした「農業」が主な産業でした。

　江戸時代において、「農業」に従事する人が80％以上いたことを考えれば、明治になるまで長期間にわたり、日本では「第１次産業」の大半を占める「農業」従事者が主役でした。

　また、明治に入り大正・昭和初期においても、「第１次産業」が50％以上を占めており、「農業」従事者が大半であったと判断できます。

　それが、昭和の敗戦（1945年）後、1970年～1990年の20年間は、「製造業」を中心に「第２次産業」従事者が34％（約３分の１）を占めますが、バブル崩壊後、その比率は減少していきます。

　一方、「第３次産業」従事者の比率は、昭和の敗戦（1945年）後、一貫して急激に増加してきました。

　65年間で、30％→71％と2.5倍に比率が急増しています。

　また、従事する人数でみますと、総数3600万人中1000万人（1950年）→総数5600万人中4000万人（2015年）と、４倍に増加しています。

　ところで、「第３次産業」従事者の比率や人数が急増することで、どのようなことが懸念されるのでしょう

か？

　一つには、業務内容が変化することで、従事者にとって「肉体的な負荷」は減少するかもしれませんが、「精神的負荷」が増大すると推定されます。

　第3次産業のうち、運輸業・郵便業、情報通信業の一部を除いて、大半が「対人業務」が主になるので、多種多様な顧客に接する機会が増大していきます。

　さらに、「対人業務」が主になるため、「定型業務」から「非定型業務」の比率が大きくなり、臨機応変に「自分で考えて行動する」ことが従業者に求められると予想されます。

　また、「第3次産業」自体、多種多様な仕事があり、どの仕事を選ぶのかも、「自分で考えて行動する」ことが求められています。

　次に、直近（2002年～2019年）の「就業形態別比率」の推移（図表4）を眺めてみます。

「就業形態別比率」とは、「経営者」|役員」と「正規従業員」と「非正規従業員」との比率を意味しています。「経営者」「役員」の比率が減少し、「非正規従業員」の比率が増加していることが分かります。

就業形態別は、「経営者」「役員」が減少傾向であり、一方「非正規従業員」が増加してきている。

就業形態別比率の推移

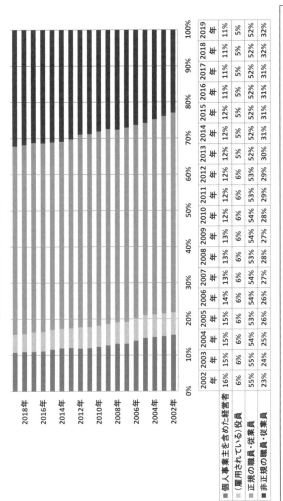

	2002年	2003年	2004年	2005年	2006年	2007年	2008年	2009年	2010年	2011年	2012年	2013年	2014年	2015年	2016年	2017年	2018年	2019年
■個人事業主を含めた経営者	16%	15%	15%	15%	14%	13%	13%	13%	12%	12%	12%	12%	12%	12%	11%	11%	11%	11%
■（雇用されている）役員	6%	6%	6%	6%	6%	6%	6%	6%	6%	6%	6%	5%	5%	5%	5%	5%	5%	5%
■正規の職員・従業員	55%	55%	54%	53%	54%	54%	53%	54%	54%	53%	53%	52%	52%	52%	52%	52%	52%	52%
■非正規の職員・従業員	23%	24%	25%	26%	26%	27%	28%	27%	28%	29%	29%	30%	31%	31%	31%	31%	32%	32%

図表 4　就業形態別比率の推移

「非定型型業務」で「チーム責任を負う」経営層が減少し、大半が「定型業務」の非正規層が増加。

（2）日本の就業形態も変化してきている

　日本では、昭和の敗戦後、就業形態が大きく変化してきています。

　個人事業主（自営業主・家族従事者を含める）や企業経営者（大企業・中小企業の経営者）の全就業者に占める割合が、次のように変化しています。

　1955年（昭和30年）：56%⇒1985年（昭和60年）：25%⇒2015年（平成27年）：12%

　つまり、戦後10年経った1955年では全就業者の半数以上は自営業であったと判断できます。しかし、それから30年経った1985年では自営業が大幅に減り、企業経営者が増えて、その割合は変化したと思えますが、その合計の比率は半減し、25%になっています。

　さらに、それから30年経った2015年では、自営業がさらに大幅に減り、企業経営者数は定常状態になってきたと判断できますが、比率はさらに半減し12%になりました。

　一方、バブル崩壊後、特に2000年以降、図表4から分かるように非正規従業員の比率は増加してきています。

　企業業績が低迷し、製造業の現場が海外に進出するようになってきた背景があると思われます。

　また、雇用の受け皿となった「第3次産業」においても、コンビニをはじめとする「小売業」や「飲食サービ

ス業」など外国国籍の人たちの就業者も増加してきています。

　ところで、2000年以降、正規の職員・従業員の全就業者に対する比率は52%以上と過半数を占めています。雇用されている役員を加えても、正規従業員の比率は、一定の水準を維持していると考えられます。

　この中には、主に「定型業務」に従事する者、「非定型業務」に従事する者、そして「非定型業務」を行いながら「チームの責任を負う」中間管理職が含まれています。

　今後、正規従業員の中で、どのようにして「非定型業務」や「非定型」＋「チームの責任を負う」の従業員を育てていくかが、企業や官公庁にとっては大きな課題になると思われます。

（3）働く人にとっての日本の現状（まとめ）

　①「第3次産業」従事者の比率は、昭和の敗戦（1945年）後、一貫して急激に増加してきました。65年間で、30％→71％と2.5倍に比率が急増しています。

　また、従事する人数でみると、1000万人（1950年）→4000万人（2015年）と、4倍に増加しています。

　②「第3次産業」従事者の比率や人数が急増することで、どのようなことが懸念されるのでしょうか？

　業務内容が変化することで、従事者にとって「肉体的な負荷」は減少するかもしれませんが、「精神的負荷」が増大すると推定されます。

　さらに、「対人業務」が主になるため、「定型業務」よりも「非定型業務」の比率が大きくなり、臨機応変に「自分で考えて行動する」ことが従業者に求められると予想されます。

　③2000年以降、雇用されている役員を除く正規従業員の比率は、一定の水準を維持しています。また、全就業者に対する比率も52％以上と過半数を占めています。

　この中には、主に「定型業務」に従事する者、「非定型業務」に従事する者、そして「非定型業務」を行いながら「チームの責任を負う」中間管理職が含まれていま

す。

　今後、正規従業員の中で、どのようにして「非定型業務」や「非定型」＋「チーム責任」の従業員を育てていくかが、企業や官公庁にとっては大きな課題になると思われます。

　④一方、働く従業員の立場に立ち、日本の現状を眺めてみると、今後企業や官公庁の中で「社会人」として生き残っていくためには、好むと好まないにかかわらず、「非定型業務」や「非定型」＋「チーム責任」の業務にどうすれば携われるようになるかということに、関心を寄せることが重要かもしれません。

　つまり、この場合でも、「自分で考えて行動する」ことが求められると予想されます。

【出典】
総務省統計局「国勢調査」および総務省統計局「労働力調査」
【参考図書】
関山直太郎著『近世日本の人口構造―徳川時代の人口調査と人口状態に関する研究』吉川弘文館（1958年）

第 **2** 章

「自分で考えて行動する」ために
不可欠な精神的成長

（1）求められる精神的自立

　まず、「自分で考えて行動する」ためには、「精神的自立」が求められます。

　すなわち、現在自分の思うようにならない問題を自分で解決するために、まずは他人に頼らずに自分で考えて行動することです。その経験を繰り返すことで、精神的自立が確かなものになっていきます。

　しかし、その「精神的自立」ができている人は、世の中で少数かもしれません。

「自立」とは一般に、「社会人となり、経済的に親や他人の援助なしに暮らしていける」ことを意味しています。

　しかし、「自立」しているからと言って、「精神的自立」の状態であるとは限りません。

「精神的自立」とは、現在自分の思うようにならない問題の原因を、自分自身で探ることから始まります。

　そして、考えついた原因が正しいかどうか、検証する手段や方法を考えます。その中には、他人の意見や他人の書いた本などを参考にすることも含まれます。

　検証の結果、最初に考えついた原因が違っていれば、「真の原因」に修正していくことになります。

　また、「真の原因」に気づけた時には、自ずとその対策が明らかになっていることが多いものです。

　その対策を、自分一人で、または他の人たちを巻き込みながら実践して、解決していくことになります。

　ところで、大抵の場合、現在自分の思うようにならない問題の「真の原因」は、自分自身の心の中に関連することが多いです。そのため、「真の原因」にたどり着くには、「精神的成長」が促進された状態でないと、困難になるケースが多くなってきます。

「精神的な成長」が未熟な場合、現在自分の思うようにならない問題の原因を、自分以外の他人や環境のせいにしがちです。いわゆる「他責」にして、他人や環境を変えようとしますが、大抵の場合、徒労に終わります。

　例として、異動などで新しく来た人への「引き継ぎ」で、自分の業務内容を説明する場面を考えてみましょう。

　Aさんへの「引き継ぎ」を想定します。

　あなたは一通り説明をしましたが、Aさんはなかなか理解できなかったとします。

　あなたとしては、当然Aさんに問題があると考えて、なんとかAさんに変わってもらおうと行動するでしょう。

　しかし、Aさんはあなたが思うようには変わってくれなくて、理解してもらえない状況が続いて困りはてます。

　このような場合、「真の原因」にはたどり着いていな

いので、あなたは無自覚のまま、似たような問題を抱え続けることになります。

　そういう状態が続くと、自分で考えることを放棄し、他の人たちに助けを求めるようになるでしょう。しかも、問題の「原因」を探るヒントではなく、手っ取り早く「解決方法」を聞こうとするのではないでしょうか？

　聞いた「解決方法」の中で、自分にとって都合の良い、つまり手間のかからない、できそうな方法を選択して、実践してみます。

　しかし、残念ながら「真の原因」の「解決方法」でないために、うまくいかないケースが多くなります。うまくいかないことも、あなたはその「解決方法」を述べた他人のせいにするかもしれません。

　今度は別のＢさんにも業務「引き継ぎ」を行うことになり、やはり前回同様の資料で説明を行ったとします。

　Ｂさんも、Ａさんと同様、なかなか理解できなかったとします。

　一体、何が「真の原因」だったのでしょうか？

　そのことに気づけるかどうかがポイントとなりますが、そのためには「精神的成長」の促進が欠かせません。

「真の原因」が自分自身の心の中に関連している場合、他人に「解決方法」を聞いても、それは全く無駄なこと

です。

「精神的自立」の状態に近づくためには、「精神的成長」の促進が欠かせません。

「肉体的成長」は、本能に従って生きていれば自然と、子供から大人に成長していけます。しかし、「精神的成長」は、それと同様にいかないところが、少し厄介です。

　自分自身が「意識して」行動していかないと、「精神的成長」を促進することは難しいです。すなわち、現在日本の労働環境で求められている「自分で考え、行動する」ことが困難になってしまいます。

（2）顕在意識と潜在意識

「自分で考えて行動する」ためには、「意識して行動する」ことが求められます。

　ところで、人の意識は、顕在意識という「意識の自分」と、潜在意識という「無意識の自分」という、2種類の意識で構成されています。

　そして、日常生活では、顕在意識＝「意識の自分」と「潜在意識」＝「無意識の自分」とを使用している比率は、約10％対90％であるといわれています。

　すなわち、日常生活での「感じる」「考える」「判断する」「行動する」の大半は、「潜在意識」＝「無意識の自分」に委ねられているといえます。

　例として、「涙を流す」という行動を考えてみます。どうして、自分が「涙を流している」かを、顕在意識＝「意識の自分」は即座に分かりません。

　そこで次のうち、どのような状況かを顕在意識＝「意識の自分」が判断して、後付けで理由を知って納得していると考えられます。「悲しい」のか、「悔しい」のか、「嬉しい」のか、「感動している」のかを、「涙を流した」後で判断しているのです。

　つまり、「潜在意識」＝「無意識の自分」は、このような状況では、過去の記憶から判断して、「涙を流す」という行動を行うという一連の動作を瞬時にできます。

　以降は、「顕在意識」は「意識の自分」と表現し、「潜在意識」は「無意識の自分」と表現していきます。

「自分で考えて行動する」ために、「意識して行動する」とは、一体どういうことを意味するのでしょうか。

　日常生活の大半の行動を「無意識の自分」に委ねていますが、ポイントごとに「意識の自分」が主役になっていることを意味します。

　一例として、「自分が大切にしているのは、何か？」と、「意識の自分」が「無意識の自分」に問いかけてみたとします。

　そうすると、「直感」により、「無意識の自分」から「意識の自分」に対して返ってくるものがあり、それが「自分の価値観」であると自覚します。

　このように、「意識の自分」から必ず自分自身に投げかけることが、出発点となります。

　そして、「自分が本当にしたいことは、何か？」と問いかけ、返ってきたものが「自分の夢」だと、「意識の自分」が自覚したとします。

　そうすると、「無意識の自分」は、日々「夢」の方向に引っ張られていくことが起きます。「無意識の自分」は、「意識の自分」の決定に従順ともいえる行動をとります。

　ふと気がつくと「夢」に関係することを実践していた

り、関連することを調べたりしています。

　そう行動することで、少しずつ「夢」の実現に近づいていきます。

　つまり、主役は「意識の自分」であり、それを「無意識の自分」がサポートしているとも考えられます。それが、「意識して行動する」ことです。

　この内容を、次の第3章で説明していきます。

（3）「内省」（リフレクション）を焦らず続ける

　ここで、重要なポイントがあります。

「意識の自分」が「無意識の自分」に問いかければ、どんなことでも即座に返ってくるとは限らないという点です。問いかけに大きな働きをしているのは、「無意識の自分」にある「直感」（人の第六感）であると私は考えています。

　大抵の問いかけに自分の「直感」は対応してくれますが、その問いかけが「自分の中にある原因」を探る場合、最初はうまくいきません。それは、どうしてか分かりません。

　自分自身を本能的に守ろうとしているのかもしれないと私は推測していますが、とにかく難しいです。

「問題の原因は我にあり」という問いかけを、「内省」（リフレクション）と呼びますが、最初は焦らないことが重要なポイントとなります。

　少しずつ自分の「直感」を磨いていく感覚が、「内省」に近づくポイントだと私は感じています。

　世の中には、「名人芸」と呼ばれる仕事をする人が必ずいます。その人たちも、「名人芸」といわれるようになるまで自分の「直感」を磨いていったのだと推察しています。

同様に、誰でも自分の「感情」に気づくことから始め、その感情の「原因」を探る練習を重ねるうちに、「直感」を磨くことが可能になると考えています。
　これらの内容を、第４章で詳しく述べていきます。

第 3 章

「意識した行動」が
精神的成長を促進

まず、最初に「ジョハリの窓」の模式図（図表5・図表6・図表7）を説明します。

「ジョハリの窓」とは、自分自身が見た自己と、他者から見た自己の情報で自己分析に使用するツールです。

　1955年、ジョセフ・ルフトとハリントン・インガムが発表しました。

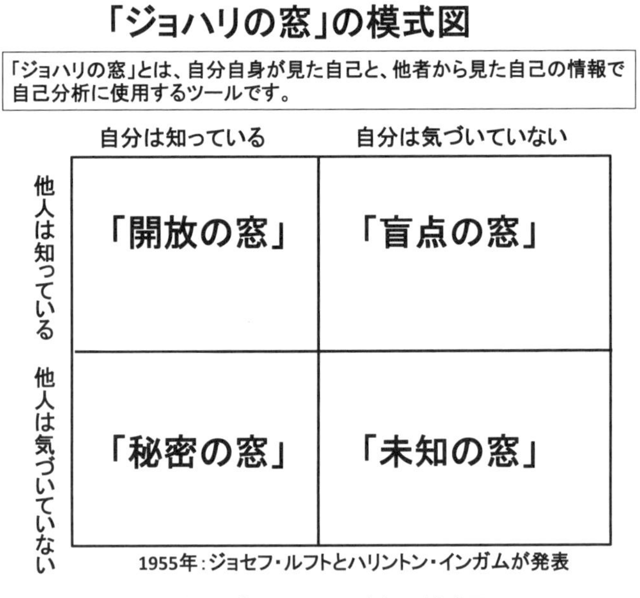

「ジョハリの窓」の模式図

「ジョハリの窓」とは、自分自身が見た自己と、他者から見た自己の情報で
自己分析に使用するツールです。

	自分は知っている	自分は気づいていない
他人は知っている	「開放の窓」	「盲点の窓」
他人は気づいていない	「秘密の窓」	「未知の窓」

1955年：ジョセフ・ルフトとハリントン・インガムが発表

図表5　「ジョハリの窓」の模式図

「ジョハリの窓」

「開放の窓」 自分も他人も知っている自己
　　　　　　　　「意識の自分」（顕在意識）

「盲点の窓」 自分は気づいていないが、他人は知っている自己
　　　　　　　　「他人から見た自分のくせ」

「秘密の窓」 自分は知っているが、他人は気づいていない自己
　　　　　　　　「過去の自分」

「未知の窓」 誰からもまだ知られていない自己
　　　　　　　　「無意識の自分」（潜在意識）

> 「ジョハリの窓」では、自己開発を進めて、「未知の窓」を狭め、「開放の窓」を広げていくことが、重要だと言っています。

図表6　「ジョハリの窓」

（1）「ジョハリの窓」で、着目すべきところは

「ジョハリの窓」は、図表5・6のように、4つの窓で構成されています。

　ジョセフ・ルフトとハリントン・インガムは、自己開発を進めて、「未知の窓」を狭め、「開放の窓」を広げていくことが、重要だと言っています。

　方法としては、「盲点の窓」に着目して、他人からの意見に耳を傾けて、「開放の窓」を広げます。

　また、「秘密の窓」に着目して、自分の過去を他人に開示することで、「開放の窓」を広げます。

ジョセフ・ルフトとハリントン・インガムが主張する
方法を実践できる人はいると思いますが、ごく一部の人
たちではないでしょうか。通常、他人からの指摘を素直
に受け入れることは難しいものです。

　そこで私は、「未知の窓」＝「無意識の自分」に着目
しつつも、「開放の窓」＝「意識の自分」が主役になる
ことが、重要だと思っています。
「開放の窓」を広げることではありません。

「ジョハリの窓」の模式図

	自分は知っている	自分は気づいていない
他人は知っている	「開放の窓」 「意識の自分」	「盲点の窓」 「他人から見た自分」
他人は気づいていない	「秘密の窓」 「過去の自分」	「未知の窓」 「無意識の自分」

私は、「未知の窓」＝「無意識の自分」に着目しつつも、
「開放の窓」＝「意識の自分」が主役であることが、重要だと思っています。

図表7　「ジョハリの窓」の模式図

「未知の窓」である「無意識の自分」の協力は不可欠だと認識していますが、主人公は「開放の窓」である「意識の自分」であることが大切だと考えています。日常では、「未知の窓」である「無意識の自分」は約90％使用しており、「開放の窓」である「意識の自分」は約10％しか使用していないからです。

（2）「意識の自分」が主役になるとは？

「顕在意識」とは、言語化でき、自覚できる意識です。

「ジョハリの窓」の「開放の窓」は、「意識の自分」に相当します。日常で約10％しか使用していません。

「潜在意識」とは、言語化できず、自覚できない意識です。

「ジョハリの窓」の「未知の窓」は、「無意識の自分」に相当します。日常で約90％使用しているといわれています。

「意識の自分」が、「無意識の自分」に「自分が大切にしているのは、何か？」と問いかけます。すると、「無意識の自分」から「自分の価値観」が返ってきます。

　まず、「意識の自分」から問いかけます。つまり、「意識の自分」が主役です。

　また、問いかけに反応して働くのは、「無意識の自分」の中の「直感」です。

「意識の自分」が、「無意識の自分」に「自分が本当にしたいことは、何か？」と問いかけます。すると、「無意識の自分」から自分の「夢」が返ってきます。

「意識の自分」が問いかけて、初めて「意識の自分」が自分の「夢」を自覚することができるのです。

「顕在意識」とは、言語化でき、自覚できる意識です。「ジョハリの窓」の「開放の窓」＝「意識の自分」に相当します。日常で約10%しか使用していません。

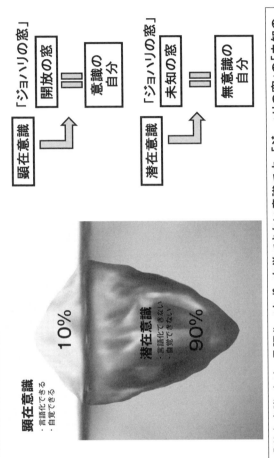

顕在意識
・言語化できる
・自覚できる

10%

潜在意識
・言語化できない
・自覚できない
90%

「ジョハリの窓」
開放の窓 ＝ **意識の自分**

顕在意識 →

「ジョハリの窓」
未知の窓 ＝ **無意識の自分**

潜在意識 →

「潜在意識」とは、言語化できず、自覚できない意識です。「ジョハリの窓」の「未知の窓」＝「無意識の自分」に相当します。日常で約90%使用していると言われています。

図表8　氷山の絵①

「意識の自分」が、「無意識の自分」に「自分が大切にしている」のは、何か？」と問いかけます。すると、「無意識の自分」から「自分の価値観」が返ってきます。

意識の自分

自分が大切
にしているの
は、何か？

「直感」

自分の
「価値観」

無意識の自分

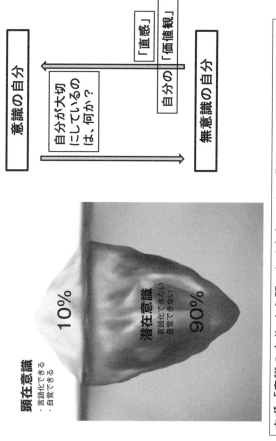

顕在意識
・言語化できる
・自覚できる

10%

潜在意識
・言語化できない
・自覚できない

90%

まず、「意識の自分」から問いかけます。つまり、「意識の自分」が主役です。
また、問いかけに反応して働くのは、「無意識の自分」の中の「直感」です。

図表9　氷山の絵②

「意識の自分」が、「無意識の自分」に「自分が本当にしたいことは、何か？」と問いかけます。すると、「無意識の自分」から自分の「夢」が返ってきます。

意識の自分

↑

自分が本当に
したいこと
は、何か？

「直感」
自分の「夢」

無意識の自分

→

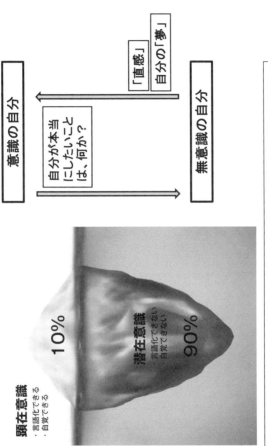

頭在意識
・言語化できる
・自覚できる

10%

潜在意識
・言語化できない
・自覚できない

90%

「意識の自分」が問いかけて、初めて「意識の自分」が自分の「夢」を自覚することができるのです。

図表10　氷山の絵③

そして次に、「意識の自分」が、「無意識の自分」に「問題の『真の原因』は、何か？」と問いかけます。

　しかし、「無意識の自分」から最初は、納得できるものが返ってきません。

　問題の「真の原因」に気づくことを「内省」と呼びます。「内省」を目指すには、自分の「直感」を少しずつ磨いていく感覚を養わなければなりません。

　自分の「直感」を磨くには、どうすれば良いでしょうか。それには、「気づく」というスキルが重要となります。

（3）「気づく」というスキルと「精神的成長」

　自分を振り返りながら「直感」を磨くことで、徐々に「気づく」というスキルが上がってきます。

　最初は「浅い気づき」ですが、徐々に「深い気づき」となり、さらに「より深い気づき」に変化していきます。

　焦らず、自分のペースで繰り返すことがポイントです。そして、継続することが重要となります。

「精神的成長」の促進に必要なスキル

「気づく」というスキル

自分を振り返りながら「直感」を磨く

| 最初は、「浅い気づき」 |
| 徐々に、「深い気づき」 |
| 「より深い気づき」 |

自分のペースで、繰り返す

継続することが重要

図表11　「精神的成長」の促進に必要なスキル

「精神的成長」のステップ

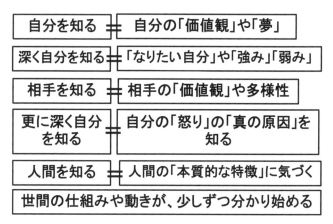

自分を知る	自分の「価値観」や「夢」
深く自分を知る	「なりたい自分」や「強み」「弱み」
相手を知る	相手の「価値観」や多様性
更に深く自分を知る	自分の「怒り」の「真の原因」を知る
人間を知る	人間の「本質的な特徴」に気づく
世間の仕組みや動きが、少しずつ分かり始める	

図表12 「精神的成長」のステップ

「精神的成長」のステップは、以下の通りです。

1)「自分の価値観」や自分の「夢」に気づくことで、「自分を知る」ことになります。

2)「なりたい自分」や自分の「強み」「弱み」に気づくことで、「深く自分を知る」ことになります。

3)「相手の価値観」や人間の多様性に気づくことで、「相手を知る」ことになります。

4) 自分の「怒り」の「真の原因」に気づくことで、「さらに深く自分を知る」ことになります。

5) 人間の「本質的特徴」に気づくことで、「人間を知る」ことができるようになります。

　最初は、「相手」と「自分」との違いに気づきますが、徐々に「自分」と「周りの人たち」との共通部分に着目し始めます。

　そこで、共通部分である「人間の本質」を知ることができるようになってきます。

6）「人間の本質」に気づけると、「世間の仕組みや動き」が、その集団の一部の人たちの影響を強く受けていることが分かってきます。そして、その一部の人たちの気持ちや考え方を想像できるようになってきます。

　それで、全てが分かるわけでは決してありませんが、少しずつ理解できる部分が増えていく感じとなります。

第 **4** 章

「精神的成長」を
促進するための実践方法

ここでの具体的な「実践方法」は、以下の３つのステップを考えています。

（１）「基礎編」：悩みのある人も現在悩みのない人も実践していただきたい「絞った方法」です。
（２）「緩和編」：悩みのある人が、少しでも緩和したいと考えている場合に実践していただきたい方法です。
（３）「解消編」：悩みのある人が、悩みを解消したいと考えている場合に実践していただきたい方法です。

　どの人も必ず、（１）「基礎編」から始めていただきたいと考えています。
　そして、悩みを抱えた時には、次の（２）「緩和編」に進んでください。
　さらに、悩みを解消したいと思った時には、最後の（３）「解消編」に進んでください。
　すなわち、いきなり（３）を実践するのではなくて、（１）を実践し、次に（２）を実践して、最後に（３）を実践するようにしてください。これは、陸上競技の三段跳びの「ホップ」「ステップ」「ジャンプ」に似ています。
「実践方法」は、読むだけでなく、まず実施することをお勧めします。
　経験から得られる実感があると、スッキリ納得できま

す。できる範囲で結構ですので、実施してみてください。「実践方法」の最後に、「＊」の印があり、書式の案内がある場合は、第４章（４）に記載している10種の書式を、ぜひ参考にして実施してみてください。

　記載されている書式と全く同じでなくてもかまいませんが、必ず紙に書き出すことが重要です。

　そして、第４章（５）に、有効と思われる「意識の持ち方」を記載します。

　この「意識の持ち方」を読んだ後に、また（２）「緩和編」や（３）「解消編」の実践方法に戻っていただければと考えています。

　また、次の第５章を読んで感じるところがあれば、それから第４章（２）や（３）の実践方法に戻っていただければと考えています。

　すなわち、いきなり全てのステップを実践するのではなく、悩みが生じた場合や、自分で実践してみようと感じた時に実践していただくことの方が有効です。

　ただし、次の（１）「基礎編〜３つの実践」①②③だけは、すぐにも実践することをお勧めします。

（1）基礎編～３つの実践

「あなたの個性とは何か」「人生で何に価値を置いているのか」と聞かれた時、あなたは即答できるでしょうか？　就職やアルバイトの面接用に、自分の長所短所をまとめたことはあるかもしれません。けれど、それは面接用の答えだったのでは？　本当のところは案外、言葉にしたことがないのではありませんか？

　人生の幸福感は、「自分を正しく知ること」が基礎となります。これは同時に、あなたの精神的成長を促すものなのです。ぜひ、次を試してみてください。

①自分の「個性」に気づく

　自分の「個性」とは、一体何を意味するのでしょうか？

　その一つとして、「価値観」が考えられます。「価値観」とは、生まれ持った「性格」と生まれ育った経験からつかんだものといえます。それは、自分にとって「大切なもの」であり、捨てられない「大切なこだわり」であり、それが「自分らしさ」にもなっています。

　また、自分の「価値観」に沿った人生を歩んでいる時、自分は満足している状態といえます。「価値観」と自分の「満足度」は関連しています。

実践方法：「自分の価値観」を自覚する

　まずは、自分の遠い過去（小学校の低学年頃）から現在までを振り返ります。

　そして、それをライフラインチャートに書いていきます。

　縦軸に自分が感じる満足度（充実度）、横軸に時間軸（年齢）を設定し、これまでの人生を曲線（ライフライン）で描いていきます。

　そして、特に、満足度の高い部分に着目します。

　その部分の時期に、自分はどうして満足度が高かったのかを考えてみます。

　そこで気づいた点を、「箇条書き」にしていきます。

　そして、次に「自分にとって大切なもの」を抽出していきます。

　表現方法は自由です。「箇条書き」でも「短い文」でもかまいません。自分が普段よく使う言葉にしてください。

　最後に、それらの箇条書きや短文を、さらに短い単語や非常に短い文にします。最初に表現した「箇条書き」や「短い文」は、「木」に例えると「枝葉」や「幹」が混ざった状態と考えてください。それを、ばっさりと「枝葉」をそぎ落として、「幹」だけ残す感覚です。

　その言葉が、自分にとっていつでも思い出せるかどうか確認してください。最後に残った言葉が、自分の「価

値観」となります。

＊76ページ以降にある書式1－①、書式1－②を参照
願います。

　なお、78ページの参考図は、私のライフライン
チャートです。
　ちなみに、私の「価値観」は、「マイペースで、潜在
能力を発揮する」という表現です。こんな感じに凝縮さ
せれば、覚えやすいと思います。

②本当にしたいことを考える
「本当にしたいことは何なのか？」その問いに答えて
返ってきたものが、自分の好きな方向の彼方にある
「夢」となります。自分が描く「夢」は、自分の好きな
ものの具現化ともいえます。
　自分の好きなことを徹底して考えてみましょう。
　人生は一度きりです。人生は長いようでいて、やりた
いことが分かると短いものでもあります。
　そして、「嫌われるのが怖い人」（誰からも好かれたい
人）の場合、描いた「夢」の「自分の人生」を歩むのか、
これまで通り周りの人たちの期待に応えて嫌われないよ
うに生きる「他人の人生」を歩むのか、最後に自分自身
で「どちらかの人生」を決めることになります。
「決断」の時です。

実践方法：「自分の夢」を自覚する

　まず、「夢」を10年後か5年後か、どちらかに決めます。短くても5年以上として、10年を超えてもかまいません。

　次に、①で抽出した自分の「価値観」を書式1－②記載します。自分の「夢」の方向が、自分の「価値観」の方向と食い違っていないことを確かめるためです。そして、10年後または5年後の自分の願望である「夢」を記載します。

　「夢」とは、ぜひ成し遂げたい魅力的なことであり、現時点では実現できていないことです。「仕事」だけでなく、「プライベート」も、両方記載します。

　次に、現在の仕事・プライベートを記載します。

　最後に、中間時点（10年後の夢の場合は5年後、5年後の夢の場合は2年後）の仕事・プライベートを記載します。できるかできないか、確率50％が理想的です。

　この中間時点が、「目標」となります。毎年、この中間時点の「目標」に対して、どの程度近づいたかどうか、チェックしていきたいものです。

＊76ページ以降にある書式2を参照願います。

　ちなみに、現在の私の「夢」は、「一人でも多くの人に、成長を実感してもらう」というものです。

③ストレス解消法を探す

身体の「痛み」や「体調不良」は、気がつきやすいです。しかし、心の「痛み」や「ストレス」は、感じにくいです。特に、「精神的ストレスが溜まっている」状態に気づかないことが、ほとんどです。

会社の出社時に、「心に重荷」を感じ始めれば、既に高「ストレス」状態になっています。また、最近とみに「怒りやすく」なってきたと感じた場合も、要注意です。

いつ、そのような状態になるかは、誰にも分かりません。そのため、自分に合ったストレス解消方法を意識して探しておくことが、いざという時に役に立ってきます。

特に、高「ストレス」状態の場合、「睡眠」の時間は重要です。最低でも6時間、できれば7時間以上の睡眠時間を死守したいところです。

実践方法：ストレス解消法を探す

高「ストレス」状態の場合では、「睡眠」時間の確保を意識する必要はありますが、寝よう寝ようとするとなかなか寝付けなかったりします。寝ようとする30分以上前のぬるめの水温での入浴は、寝入りやすくなります。

また、寝る直前の「スマートフォン」や「パソコン」などの青い光は避けた方が寝入りやすいです。

また、朝起床した後できるだけ早く日光を浴びると、体内時計がリセットされて、寝ようとする時間帯で眠気

が来ます。とにかく、睡眠時間は最低６時間、できれば７時間以上確保することは重要です。

　ところで、高「ストレス」状態になる前に、自分が好きなことでストレス解消になり得ることを、常日頃意識して探しておくことが、自分を守る「強み」となります。室内でできること・屋外でできること、費用の掛からないこと・費用が掛かること、手軽なこと・準備が必要なことなど、それらの組み合わせが多いほど望ましいです。

　一つ二つで満足せずに、２桁の方法を持つことを目指してください。

（2）悩みの緩和編〜7つの実践

　私たちの毎日に気がかりや悩みはつきものです。悩みが生じても、短期間でそれが軽くなれば問題はありません。悩みが生まれても、それを乗り越え、自分をどんどん強くしていくプロセスこそが、精神的成長を可能にします。しかし、悩みをやわらげるすべを知らず、落ち込んでばかりいては、成長はかないません。ここでは、悩みが生まれ、気分がふさいだ時、それを緩和する方法を7つ紹介します。

①得意分野で自信を取り戻す

　人生が思い通りにいかない時は、自信をなくして悲観することが多いです。そんな時には、自分の得意分野に意識を向けて、自信を取り戻しましょう。

　得意分野とは、自分の「強み」を生かせる「ホームグラウンド」といえるかもしれません。そして、得意なことは、自分にとって「好きな」ことにつながっています。「好きこそ物の上手なれ」ということわざがあります。それは、好きなればこそ、飽きずに努力するから、その道の上手になるという意味です。

実践方法：「自分の強み」を自覚する

　得意分野を「自分の強み」と置き換えて、幅広く捉え

てみます。

そして、「夢中になれるもの（時が経つのを忘れるもの）」や「好きになれる自分の言動（自分の自信につながる言動）」、最後に自分を助けるという観点から「ストレス解消につながるもの（すっきり感を味わえるもの）」を加えて、この３つの視点で自分自身を振り返ってみてください。

人は、必ず「強み」と「弱み」の両方を持っています。現在の自分を振り返ってみて、どうしても思いつかない場合は、遠い自分の過去（小学生頃から現在まで）を振り返ってみてください。夢中になったことや好きなことを、一つ二つ思い出せるかもしれません。それらを、全て書き出すことが重要です。

また、「ストレス解消につながるもの」は今後見つかり次第、追加していくことを忘れないようにしてください。

＊76ページ以降にある書式３を参照願います。

②自分の「弱み」を認める

世の中には、誰一人として完全無欠な人はいません。超人的なスーパーマンやスーパーウーマンは、そもそも人間ではありません。

「欠点」があることは人間の証です。自分の「欠点」を認めること、それは弱みではなく強みになってきます。

そのためには、自分の「弱み」として気づいたことを、全て書き出すことが重要です。

実践方法：「自分の弱み」を自覚する

「弱み」を「苦手なこと」や「嫌いなこと」として捉えてみます。そして、「嫌な気持ちになるもの（嫌な感じのもの）」や「嫌いな自分の言動（なくしたい自分の言動）」という２点で自分自身を振り返ってみてください。

　最後に、その「弱み」を全て克服する必要はなく、「やりたくないもの（誰かにしてもらいたいもの）」として、どの「弱み」を誰に託すかという視点で考えてみます。

　ところで、この「弱み」を振り返る上で、重要なことがあります。それは、全ての人は「劣等感」を持っているということです。そして、それが強くなると「コンプレックス」という「こだわり」になるという点です。

　この二つの大きな違いは、「劣等感」は自分の「弱み」として書き出すことができ、「コンプレックス」は隠そうとして書き出せないという点です。自分の「弱み」として認めるかどうかがポイントとなります。

＊76ページ以降にある書式４を参照願います。

③相手と自分とを比較しない

　小さい頃、大抵の人は、他の子供と比較されて育った

だろうと思います。そのため、いつも相手と自分とを比較しています。それが「劣等感」や「ねたみ」の原因になります。

しかし、「比較」する行為が問題なのではありません。小さい子供の頃、誰でも自分の行動と他の子供の行動を比較して、物まねしながら学んできました。そのため、「比較」することで身につくスキルもあります。

大人になれば、自分と他人を比較するのではなく、自分の「夢」と「現状」の比較や、「なりたい自分」と「現在の自分」を比較すれば良いだけです。すなわち、比較の対象を「他人」から「自分が目指すもの」に変えていくことです。

ここで、「なりたい自分」について説明します。どうして、自分の「夢」だけでは不十分なのでしょうか？それは、「夢」の実現には、自分の行動だけではなく、周りの人たちの協力や世の中の動きに左右されることが多いためです。つまり、環境変化に影響されます。

一方、「なりたい自分」は、自分の「強み」や「弱み」をどうしたいのかという視点で捉えているので、環境変化の影響を受けにくいです。

また、自分の「夢」が「結果重視」のモノサシだとすれば、「なりたい自分」は「プロセス重視」のモノサシとなります。

モノサシが2種類あった方が、長い人生を生き抜くた

めには良いと考えます。

<u>実践方法：「なりたい自分」を自覚する</u>

　まず、最初に「なりたい自分」の実現を10年後か5年後か、どちらかに決めます。できるだけ自分の「夢」が実現できそうな期間と一緒にしてください。

　次に、「現在」の強み・弱みを記載します。「強み」（ピカイチの強みとストレス解消法）と「弱み」（なくしたい・依存したい弱み）を記載しますが、全て書くのではなく注目する「強み」「弱み」を書いてください。

　次に、10年後か5年後かの「なりたい自分」を記載します。それは、目指したい将来の自分の「強み」・「弱み」の姿です。自分の「強み」・「弱み」をどうしたいのかを明確にします。

　最後に、「中間時点」の強み・弱みを記載します。この中間時点が、「目標」になります。

　毎年、この中間時点の「目標」に対して、どの程度近づいたかどうかチェックしてみてください。

＊76ページ以降にある書式5を参照願います。

④具体的イメージを心の中に抱く

　自分の「夢」や「なりたい自分」を漠然と描くだけでは、もったいないです。もっと、鮮明に具体的に、実現した時の映像をカラー写真やビデオのように、心の中で

描いてみてください。それを、言葉にして書き出します。

　そうすると、鮮明になった分だけ早く実現することになっていきます。

実践方法：「夢」と「なりたい自分」の具体的イメージをつくる

　まず、10年後（または５年後）の「夢」を、一言か二言に集約します。要領は、基礎編の①自分の「価値観」を自覚するため書き出した最後の場面と同じです。その代わりに、10年後（または５年後）の「夢」が達成した時のイメージを、できるだけ多く書き出します。５〜10個ほど書き出せれば良いです。

　次に、10年後（または５年後）の「なりたい自分」も同様に、一言二言に集約します。そして、10年後（または５年後）の「なりたい自分」が達成した時のイメージを、できるだけ多く書き出します。５〜10個ほど書き出せれば良いです。

　最後に、自分の「価値観」も書いておきましょう。

　この書き出した表を、できれば毎年正月にでも見てください。この表が、「自分が好む人生」そのものだからです。

＊76ページ以降にある書式６を参照願います。

⑤他人と違っていることが当たり前

　他人と自分が同じ人間であっても、「性格」「価値観」「感じ方」「考え方」「判断基準」が違っているのは当然のことです。

　生まれた時に、両親の遺伝子を子供は受け継いでいますが、親と全く一緒ではありません。必ず、ランダムに遺伝子が変化することが分かってきています。「トンビが鷹を生む」の例えのように、親子といえども「似て非なる」ものなのです。

　さらに、生まれてからの環境は、人によって全く異なります。

　それらが組み合わされば、他人と自分が同じであることの方が、あり得ないといえます。「十人十色」、人それぞれ違うことが常態なのです。

実践方法：「相手の価値観」を想像する

　まずは、気になる日頃の相手の言動を書き出してください。

　できるだけ、数多く思い出して書くことが重要です。

　その後に、相手が大切にしていると想像できる「相手の価値観」を、思いつくまま書いてください。

　表現方法は自由です、「箇条書き」でも「短い文章」でもかまいません。あなたが普段よく使う言葉にしてください。

　最後に、それらの箇条書きや短文を、さらに短い単語や非常に短い文にします。

　前と同様に「枝葉」をそぎ落として、「幹」だけ残す感覚で抽出してみましょう。最後に残った言葉が、自分が想像した相手の「価値観」となります。

＊76ページ以降にある書式7を参照願います。

⑥様々な感情を素直に受け止める

　理不尽と思えるような体験をした直後は、「怒り」の感情が湧き起こります。

　その瞬間、「内なる声」と呼べるような言葉が頭に浮かんできます。

　そして、怒りの感情が収まった後に、別の感情が芽生えることがあります。

　私の体験談ですが、内なる声は「どうして」でした。

　そして、翌日芽生えた感情は、「悲しい」でした。

　このケースでは、私が怒りを覚えた相手が、長年苦楽を共にしてきた人でした。

　相手の人に、私が大切にしている「価値観」を理解していてほしかったから、内なる声は「どうして」であり、翌日芽生えた感情が「悲しい」だったのだろうと考えています。

　このように、相手の理不尽な言動に、怒りを覚えたという事実だけを重視するのではなく、内なる声や怒りが

収まる時に芽生える感情に、まずは気づいていくことが大切だと思います。

　そして、内なる声やその後芽生える様々な感情を、素直に受け止めることが重要だと考えます。

　そのことが、ひいては自分の内面にある「無意識の自分」とのやりとりをスムーズにする近道となります。

　この気づきと受け止めが、次の「悩みを解消」するための準備になっています。

実践方法：感情を解放する

　最近よく「マインドフルネス」という言葉を聞くようになりました。

「マインドフルネス」とは、身体の五感に意識を集中させ、「今、この瞬間の気持ち」「今ある身体状況」といった現実をあるがままに知覚して受け入れる練習のことです。

　すなわち、自分の「感情」に気づくことも「マインドフルネス」の一環といえます。

　様々な感情に心が揺さぶられたり、悩み事がある場合、一番有効なのは話せる相手に聞いてもらうことです。

　しかし、話したい時に話せる相手がいるとは限りません。

　その時、有効な手段は「書き出す」ことになります。

　書き出すのは、内なる声やその後芽生える様々な感情

です。

　内なる声の参考例は、以下のようなものです。

「なんで、自分だけ」「そりゃないよ」「頭に来た」「どうして」など。

　つまり、自分の中から、外に吐き出すことが重要です。

　これによって、感情が解放されて、ストレスが緩和されていきます。

　最後に、内なる声を書いた紙は、破って捨てることを推奨します。

　それは、残しておいた紙を見るたびに、また心が揺さぶられた記憶がよみがえってくるからです。

⑦傾聴が人間関係を良くする

　悩みの多くは人間関係、コミュニケーションの問題と言っても過言ではないでしょう。相手の話をなおざりに聞いていたり、相手の話を途中で遮ったりすると、一気に人間関係は崩れていきます。逆を考えても、あなたも話を聞いてくれない相手には、自然と話さなくなっていくことでしょう。

　ギクシャクした人との関係を修復したい時、さらに良好な関係を継続したい場合、まずは心をこめて聞くことです。この心をこめて聞くことを、「傾聴」と呼びます。

　人は、自分のことを話したいという欲求を常に持っています。しかし、聞いてくれる相手がいなければ、壁に

向かってでも話したいと思うでしょうか？　そんな人は
いないでしょう。聞いてくれる人がいて、気持ち良く話
したいのだと思います。

　そして、あなたが相手の話を熱心に聞けば、相手は本
音が話せるくらいリラックス状態になります。心をこめ
て聞くことは、人間関係の要となります。この姿勢をと
る限り、悩みの数は格段に減るでしょう。

実践方法：「傾聴」の練習をする

「傾聴」は、実は簡単ではありません。意識して練習し
ないと、心をこめて聞くことはできません。

　日常会話では、相手の話に反応して、つい自分の意見
や考えを話してしまいます。でもそれでは、相手は話し
たいことを全部話し終わらないので、不満の気持ちを持
ちます。

　つまり、自分の意見や考えは、相手の話が全て終わっ
て、少し安堵した表情を見せるまで、黙っていることが
重要となります。

　また、自分の意見や考えが頭に浮かんでいると、相手
の話を心をこめて聞くことができません。理想的には、
相手が話を始めたら、自分の頭を空っぽにして、相手の
話を聞くことだけに専念することです。ここに、傾聴の
難しさがあります。

　一番良い練習方法は、自分にとって身近な存在の人を

決めて、その人と話し合う時に意識して傾聴してみることです。

　傾聴できたかどうかは、相手が話し終えた時の表情を観察することで判断できます。相手の表情に、満足感が感じられれば大丈夫です。

　失敗しても問題ありません。繰り返しているうちに、必ず傾聴できるようになります。

（3）悩みの解消編～３つの実践

　前述した（2）悩みの緩和編から、さらに積極的に悩みを消したいと思う時の対処法を考えてみましょう。特に、「怒り」の感情は強く、なかなか頭から離れないのではないでしょうか。しかし、その感情の中にとどまっていては、精神的成長の妨げになりますし、充実した毎日を送ることができません。悩みは自分の力で「消す」ように努めましょう。

①自分の怒りを精神的成長に役立てる

「自分は正しく、相手が間違っている」と感じた瞬間、「怒り」の感情が湧き起こるでしょう。その感情を、まず受け入れることが重要です。ポイントは、「怒り」の感情が少し収まってきた時です。

「怒り」の感情を受け入れるとは、相手のせいのままにしておくことでは決してありません。それは、自分の精神的成長に役立てるということなのです。

実践方法：「怒りの感情を役立てる」練習をする

　怒っているのは、「相手」ではなく「自分」です。ですから、「怒り」の原因は必ず自分自身の中にあります。

　相手の言動が、自分の心の中にある「原因」に触れただけです。「逆鱗に触れる」という言葉がありますが、

まさにそれです。

　しかし、すぐに自分の中にある「原因」を探ろうとしてもうまくいきません。うまくいかないのは、自分自身を振り返る練習をしていなかったためです。

　焦らずに、いきなり自分の「原因」ではなく、「相手」のことや「自分」と「相手」との関係に着目してみてください。それを繰り返すうちに、必ず自分の中にある「原因」に気づけるようになっていきます。焦る必要は全くありません。練習する時間は十分あります。

②怒りをすっきりした気分に変える

「怒り」の爆発的な感情が少し収まった時、相手の言動とその時の自分の言動や感情を詳しく振り返ります。

　まずどうして相手は、自分を怒らせるような言動をとったのかを想像してみてください。

　さらに、今後相手と良好な関係を続けたい場合は、今後相手と自分とがどのようになれば、自分が満足できるのか考えてみてください。

　そして、その自分が望む状態が、相手もそれを望むものかどうか考えてみます。

　最後に「どうして、自分は怒ったのか」を自分に問いかけて、自分の心の中に原因を探ってみます。その原因が分かれば、すっきりして幸せな気分になります。

実践方法：自分が満足できる状態を考える

「怒り」の感情が収まった時、相手の言動とその時の自分の言動や感情を詳しく振り返ってみます。その内容を書き出しておくと、はっきり自覚できます。そして、相手の価値観を想像しておくと、次のステップがやりやすくなります。

　その後、まずどうして相手は、自分を怒らせるような言動をとったのかを想像してみます。ここまででストップしてもかまいません。さらに進みたい人は、今後相手とどのようになれば、自分が満足できるのか考えてみてください。

　そして、その自分が望む状態が、相手もそれを望むものかどうか考えてみます。通常は、ここまでのステップを繰り返してみます。

　最後に「どうして、自分は怒ったのか」を自分に問いかけて、自分の心の中に原因を探ってみてください。

＊76ページ以降にある書式7・書式8・書式9・書式10を参照願います。

③思い通りにならない悩みは、自分の中に原因を探る

　思い通りにならない悩みは、通常自分だけが関係するのではなく、多くの周囲の人たちも関係しています。

　そのため、原因となり得る要因の数は、非常に多くなります。

　そして、大抵は自分以外の要因の中から、悩みの原因を探し始めます。

　しかし、ここで重要なことは、思い通りにならないと感じているのは、自分自身であるという点です。

　つまり、まず最初に自分の中に原因を探ることが重要となります。

実践方法：自分の失敗を成功に導く

　自分の中に原因を探ることは、つまり自分の失敗に気づくことになります。

　私の失敗談を例にして、説明します。

　本格的に企業の従業員向けのカウンセリングを行う前に、私がよく知っている人の会社で試すことになりました。

　グループ長には、事前にカウンセリングの概要を説明しました。

　そして、興味を持ってもらえたので、グループのメンバーの人たちに順次カウンセリングを実施していきましたが、途中で頓挫してしまいました。

　メンバーの人たちの中で、温度差が生じてしまいました。

　また、カウンセリングする時間の制約が大きく、1か月に1回の頻度を確保できなくなりました。

　どうして、思い通りにならなかったのでしょうか？

もし、私以外に原因を探そうとすれば、すぐに５つほどの原因を挙げることはできました。

　しかし、それらは真の原因からは遠く、私にとっての言い訳にしかなりません。

　そして、どうして温度差ができ、カウンセリングの頻度を確保できなかったのかを、私の中に探してみました。

　そうすると、初動の準備に抜かりがあったことに気づきます。

（１）カウンセリングの目的を、グループ長の人に確認
　　　していなかったこと。
（２）その目的を、グループ長からメンバーに事前に説
　　　明してもらわなかったこと。
（３）グループ長に、１か月に１回の頻度のカウンセリ
　　　ングが可能かどうか確認していなかったこと。

　これらは、全て自分のミスです。

　でも、この自分の失敗に気づけたことで、現在は上記３つのことを、最初の段階で徹底しています。

　おかげさまで、現在は順調にカウンセリングを継続できるようになっています。

　もちろん、上記３つ以外の原因もあったかもしれません。

　しかし、それらの原因は主原因ではなかったと思いま

す。

　なぜなら、他の企業のカウンセリングは、順調で成功
しているからです。

　このことから分かっていただきたいのは、失敗するこ
とが問題ではないということです。

　むしろ、自分の失敗に気づかないことが問題となりま
す。

　すなわち、「失敗無くして、成功無し」です。

（4）実践方法で使用する10種の書式

　この「書式」は、以上の実践方法を実行する時に、少しでも戸惑わないように考えたフォーマットです。

　第4章の実践方法は、（1）「基礎編」で3つ、（2）「緩和編」で7つ、（3）「解消編」で3つの合計13個あります。そのうち、以下の10種の書式を用意しています。

書式1－①：「自分のライフラインチャート」
　　　　　　⇒（1）「基礎編」①に対応
書式1－②：「自分の価値観」
　　　　　　⇒（1）「基礎編」①に対応
書式2：「自分の夢」⇒（1）基礎編②に対応
書式3：「自分の強み」⇒（2）緩和編①に対応
書式4：「自分の弱み」⇒（2）緩和編②に対応
書式5：「なりたい自分」⇒（2）緩和編③に対応
書式6：「夢」「なりたい自分」の具体的イメージ
　　　　　　⇒（2）緩和編④／（3）解消編②に対応
書式7：「相手の価値観」
　　　　　　⇒（2）緩和編⑤に対応／（3）解消編②に対応
書式8：「相手目線」で考える⇒（3）解消編②に対応
書式9：「理想状態」のイメージと「相手目線」
　　　　　　⇒（3）解消編②に対応

書式10：「自分と向き合う」（内省）
　　⇒（3）解消編②に対応

　これらの書式は、実際に私が人材支援のカウンセリングで使用しているものです。私が使用する時は、Ａ4サイズの用紙にコピーしています。皆さんも、これらの書式をコピーして、どんどん活用してみてください。

　記載されている書式と全く同じでなくてもかまいませんが、必ず紙に書き出すことが重要です。書き出した文字を自分で見ると、よりはっきりと自覚することができます。

　また、「夢」や「なりたい自分」のことを話せる人がいる場合は、その人に大いに語ってください。話すことで、より鮮明に具体的イメージがよみがえってくる感覚となります。

　紙に書き出したり、人に話したりすることで、「夢」や「なりたい自分」のイメージがはっきりして、その実現が促進されていきます。

　96ページのコラムにも記載しましたが、添付された書式だけにこだわらず、自分の趣味などを使って、自分の「夢」や「なりたい自分」の具体的イメージを表す方法も可能です。

　10種の「書式」を使用した後にでも、自分に合った方法で、試してみてください。

書式1-① 「自分のライフラインチャート」

年月日 ————
氏名 ————

高

満足度

低

年齢 →

参考図

満足度（縦軸：高〜低）、横軸：年齢（12才、22才、28才、50才、55才、63才）

小学校 → 大学 → 就職 → 転職 → 評価 →（管理職）→ 中間管理職 → 退職

将来 →

書式 1-② 「自分の価値観」

個人の価値観（一番大切にしている拠り所の型）

自分のライフラインチャートを見て、満足度の高い状態の時を思い出して、気づいたことを書き出します。

満足度の高い状態①：最初の高い時期

満足度の高い状態②：2番目の高い時期

満足度の高い状態③：3番目の高い時期

満足度の高い状態④：4番目の高い時期

満足度の高い状態⑤：5番目の高い時期

現時点での私の価値観を、200字以内の言葉にまとめること以下の通りです。［上記の気づきから、自分が大切にしていることを抽出します。］

現時点での私の価値観を、50字以内で要約すると以下の通りです。［自分自身で、直ぐに思い出せるように、要約します。］

年月日

氏名

書式 2　自分の夢

「成果重視」の物差し

年月日　　　　　　　
氏名　　　　　　　

10年後（5年後）の「夢」

作成手順：
1. 「夢」を、10年後か（5年後）か、決める。
2. 「夢」から、(2)・(3)・(4) の順番に記載する。
3. 自分の直近の価値観を最初に記載する。
4. 自分の価値観から、自分の願望を掘り起こす。
5. (2)「夢」には、自分の願望を記載する。仕事・資格と個人生活の両面を記載する。
6. 「夢」とは、是非達成したい魅力的なこと。
7. (3) 現在の仕事・個人生活を記載する。
8. (4) 中間時点の仕事・個人生活を記載する。現時点で、実現できないが、出来るか出来ないか、確率50%が理想。

（1）価値観

「夢：是非成し遂げたい魅力的なこと
（5年後）
10年後（　　）歳
（2）

仕事
資格
個人生活

中間時点
（2年後）
5年後（　　）歳
（4）

仕事
資格
個人生活

現在（　　）歳
（3）

仕事
資格
個人生活

書式3　自分の強み

現在の年月日
開始年月日
氏名

自分の「強み」の気づき

記号　　　　　　主　　　　　　　　　　副　　　　　　　　(A,B) の内、一つを選択
A　夢中になれるもの　　時が経つのを忘れるもの　→「ピカ一の強み」を明記
B　好きになれる自分の言動　自分の自信に繋がる言動
C　ストレス解消に繋がるもの　すっきり感を味わえるもの

NO	記号	内容
	[参考例]	
1	B	人に対して、表面的にはやさしい →この強みを強化して、本当に人に優しい自分を目指す「ピカ一の強みにしたい」
2	B	どっちかというと、楽天的である
3	B	好奇心は旺盛な方である
4	A・C	宇宙・地球・生命・動物・昆虫のTV番組を見ることが好き
5	A・C	家のパソコンで、自分の好きな音楽をBGMのように聞きながら、好きなゲームに没頭すると、ストレスが解消される ように思う
1		
2		

書式4　自分の弱み

自分の「弱み」の気づき

	主	副	克服したら、「自己成長」に移動	
記号				現在の年月日 [　　]
a	いやな気持ちになるもの	いやな感じのもの	→克服出来たと感じた年月日	開始年月日 ＿＿＿
b	嫌いな自分の言動	無くしたい自分の言動	→克服出来たと感じた年月日	氏名 ＿＿＿
c	やりたくないもの	誰かにしてもらいたいもの	→誰に依存するのか決める	

NO	記号	内容	
		[参考例]	
1	b	感情表現が苦手	
2	b	人見知りが強い	
3	b	思い込みが強い時がある	
4	a	自尊心が時々見え隠れする	
5	c	用心深い、臆病な時がある	：強みになる場合もあるので、このまま受け入れる
6	c	生活力に乏しい、バイタリティが少ない	→他人（Aさん）に依存する
7	c	丁寧に一つひとつ順番に答えないことが多い	→他人（Bさん）に依存する
8	a	相手が大切にしていることに、無頓着な時が多い	

1

2

書式5 なりたい自分

10年後（5年後）の「なりたい自分」

年月日 _____
氏名 _____

「プロセス重視」の物差し

作成手順：
1. 「夢」実現を、10年後か5年後か、決める。
2. ①から、②・③・④の順番に記載する。
3. ①自分の直近の価値観を最初に記載する。
4. ②現在の強み・弱みを記載する。
   強み（ピカ一の強みとストレス解消）と弱み（無くしたい・依存したい弱み）を記載する。
5. ③「なりたい自分」には、目指したい自分の姿を記載する。特に、自分の強み・弱みをどうしたいのか。
6. ④中間時点の強み・弱みを記載する。

①価値観
☐

現在（　　）歳
強み
②★ピカ一の強み★の現在の状態
☐
☆ストレス解消☆の現在の状態
☐
☐
☐
弱み
★無くしたい★弱み
☐
☆依存したい☆弱み
☐

中間時点
（2年後・
5年後（　　）歳
④★ピカ一の強み★の中間時点の姿
☐
☆ストレス解消☆の中間時点の姿
☐
☐
☐

[なりたい自分]：将来の自分の「強み」・「弱み」の姿
（5年後（　　）歳
10年後（　　）歳
③★ピカ一の強み★の目指す姿
☐
☆ストレス解消☆の目指す姿
☐
☐
☐

書式6 「夢」「なりたい自分」の具体的イメージ

10年後（または5年後）の「夢」

10年後（または5年後）の「なりたい自分」

大切な判断基準の「価値観」

記入年月日：＿＿＿＿＿＿
氏名：＿＿＿＿＿＿

10年後（または5年後）の「夢」：達成した時のイメージ

①
②
③
④
⑤
⑥
⑦
⑧
⑨
⑩

10年後（または5年後）の「なりたい自分」：達成した時のイメージ

①
②
③
④
⑤
⑥
⑦
⑧
⑨
⑩

記入年月日：＿＿＿＿＿＿
氏名：＿＿＿＿＿＿

書式7 相手の価値観

相手の価値観

相手の氏名			
	気になる日頃の相手の言動	想像した相手の価値観	自分の言葉で要約した相手の価値観
1. _____		→	
2. _____		→	
3. _____		→	

書式8 「相手の目線」で考える

相手は、どうして「自分を怒らせるような」言動をとったと思うか？

気づいたことを、自分が分かる表現で書いて下さい。3つ埋める必要はありません。

①	
②	
③	

(注) 自分が想像した「相手の価値観」から考えてみて下さい。

書式9 [理想状態] のイメージと [相手目線]

[相手と自分] の理想
[相手と自分は、どのような状態になれば、自分は満足できると思うか？]
気づいたことを、自分が分かる表現で書いて下さい。

[理想状態のイメージ]
[その状態を、具体的にイメージしてみよう！]
気づいたことを、自分が分かる表現で書いて下さい。6つ埋める必要はありません。

①
②
③
④
⑤
⑥

[相手の目線] で考える
相手は、どうして自分の [理想状態のイメージ] 通りの言動を取ろうとしないのか？
[相手の価値観] を考えてみて、上記の①～⑥の理想状態のイメージの実現が難しいと思える項目はあるか？
気づいたことを、自分が分かる表現で書いて下さい。

①
②
③

[今後の行動] を考える
[相手の価値観] を考えて、上記の①～⑥の理想状態のイメージの実現が難しいと思える項目を今後どうするか？
決めたことを、自分が分かる表現で書いて下さい。

①
②

書式10 「自分と向き合う」(内省)

どうして自分は、相手の言動に、腹を立てたのか？
　例：どうして、自分は・・・だったのか？

自問内容

(1)

自答内容　気づいたことを、自分が分かる表現で書いて下さい。3つ埋める必要はありません。

①
②
③

注）1つも気づかない場合、その時は無理に書かなくて良いです。気づくまで待ちます。

1回目の自問自答で、自分が「すっきり」しなかった場合、再度自問自答を繰り返してみる。
　例：どうして、自分は・・・だったのか？

自問内容

(2)

自答内容　気づいたことを、自分が分かる表現で書いて下さい。3つ埋める必要はありません。

①
②
③

注）1つも気づかない場合、その時は無理に書かなくて良いです。気づくまで待ちます。

（5）精神的成長に有効な「意識の持ち方」

　精神的に成長するために、まず自分を正しく捉える。次に悩みを抱えた時にそれをやわらげたり解消したりするために、自分なりの方法を持つことが大事とお話ししてきました。

　この項では、さらに一度身につければ「宝物」といえる12のポイントをお知らせします。このように考えられるあなたになれば、苦しみから自由になれ、思い通りの人生を生きられるでしょう。

①自分のことを一番に考える

　自分より相手を優先していると、相手の喜ぶことや望むことだけを考えるようになります。その望みが実現されないと、相手は不満ですし、自分も辛くなります。

　まずは、自分のことを一番に考えてみましょう。自分が望むことは何なのか考えてみましょう。自分が満足できる状態であれば、相手の満足の助けも可能になっていきます。その順番が大切なのかもしれません。

②相手と自分とは違っていることを前提とする

　あなたにとっては絶対認めがたい行動でも、相手にとっては普段通りの行動かもしれません。

　自分の望み通りに相手が行動するとは限りません。皆

は、自分の「価値観」に沿った人生を歩もうとしている
だけなのです。

　自分の「価値観」と相手の「価値観」とは、全く違っ
ています。似ているようでも、必ず違っているところが
あります。それが「個性」なのです。

③人に好かれようとしない

　人に好かれようと一生懸命過ごすことは、大変疲れる
生き方です。

　相手の望むことができないと、相手は手のひらを返し
たように冷たい態度をとることがあります。その時は、
自分の心が傷つくことになってしまいます。

　相手の望みは一方的であり、相手の期待は高いかもし
れません。自分がその相手の期待を、一方的に低く変え
ることはできません。ですから、「自分の人生は自分の
もので、相手に都合のいいようにするものではない」と
心得ましょう。

④「無理」と言う

「それは自分には無理だ」と言ったら相手を怒らせてし
まうという恐れは、思い込みに過ぎません。やりたくな
い、またはとてもできそうにないと思ったら、「無理」
と言いましょう。

「無理」の返事自体が、相手を怒らせるわけではありま

せんから。相手が怒るのは、自分の思い通りにいかないことが理由です。

⑤人の評価を気にしない

　人の評価が、絶対正しいとは思わないことです。なぜなら、自分も含めて「人は欲望と感情の動物である」からです。人の評価は、必ずその人の欲望と感情に左右されているはずです。

　また、人は多様性に富んでいます。同じ人の言動を見ても、「感じ方」「考え方」「判断の仕方」が、全て異なっています。従って、いろいろな評価が生じることになるのです。

　そのように不安定なものを絶対的な指標と考えるのは、無意味なことです。

⑥心配し続けない

　心配することを避けることはできません。ただし、心配し続けることは避けられます。心配事が明確な場合は、イメージトレーニングが有効です。

　よくオリンピック選手などが、試合の日が近づいてきた時に使う「イメージトレーニング」と同じ方法です。スタートからフィニッシュまでをイメージして、最後は表彰台に上ることをイメージします。

　つまり、結果はいつも望み通りとなるトレーニングと

なります。

　漠然とした将来の不安は、自分の夢を描くことでかなり減じます。夢を具体的に思い描くことをお勧めします。

⑦「ねたみ」の感情を終わらせる

「ねたみ」の感情は、自分と他人を比較していると、ごく自然に発生します。他人が、自分にはないものを持っている場合に、「ねたみ」の感情が湧いてきます。

　この「ねたみ」の感情が強くなると「怒り」の感情が現れます。そうすると、その「怒り」の感情が自分自身の「ストレス」を溜めていく要因となります。

　そうならないためには、「ねたみ」の感情を終わらせるしか方法はありません。自分と他人ではなく、「現在の自分」と「夢の自分」を比較するように変えていってください。そうすれば、他人の持っているものが、あまり気にならなくなっていきます。

⑧自分の潜在能力を信じる

　自分の能力を過小に評価したり、自分が劣っていると思い込む傾向は、多くの人にあります。

　しかし、人は自分が思っている以上の大きな潜在能力を持っています。人の能力に上限はありません。

　とかく、自分には到底無理だと、始める前から諦めることがあります。

ところが、「夢」と「なりたい自分」の場合、具体的なイメージが鮮明であればあるほど、無意識のうちに日々その方向に引っ張られていきます。ふと気がつくと「夢」に関係することを実践していたり、関連することを調べたりしている自分に気づくでしょう。つまり、口では「到底無理」と言ってはいても、本当の夢であり、ブレのない「なりたい自分像」であるならば、自然にそのプロセスをたどっているのです。そんな自分の力を信じましょう。

　そして、人生の折々に自分にとっての「挑戦」があります。他の人にはできていることでも、自分にとっての「挑戦」が必ずあるのです。

　だからこそ、その「挑戦」が完璧でなくともできたことだけで、十分達成感が得られます。そして自然と自信が湧いてきます。実現に一歩近づいたという「手応え」を感じる瞬間でもあります。

⑨「面倒くさい」ことは先延ばしにしない

　自分にとって「面倒だ」と思うことは、大抵周囲の人たちにとっては有益なことが多いです。

　周囲の人たちがあなたに一方的に期待することは、大抵自分にとっては「面倒くさい」ことです。

　ただ、そのことを先延ばしにすることは、周囲の人たちをがっかりさせることになります。だから、自分に

とって「面倒だ」と思うことは、先延ばしにするのではなく、真っ先に済ませてしまう方が大切といえます。

　ここで、いくつかの例を挙げてみます。

　工作機械を使っている製造現場では、必ずと言って良いほど、５Ｓ（整理・整頓・清掃・清潔・躾け）のポスターが掲示されています。

　でも、工作機械の作業が終わった後に、削りカスを掃除し、刃具を所定の場所にしまい、機械の周辺にある余計な物を片付けるなどは、やはり「面倒」です。

　しかし、翌朝作業が始まった時に５Ｓが徹底されていないと、仲間が作業中に怪我をしたり、作業に手間取ったり、時には製品の品質がばらついたりしてしまいます。

　結局、周りの人たちに、迷惑をかけることになっていきます。

　これは、製造現場だけではなく、事務所内でも発生します。

　一度に沢山の伝票処理が発生したとします。

　その処理が面倒だと思って先延ばしにしていると、後工程では決済を経て取引先に支払いを行いますが、支払期限に間に合わない可能性が出てきます。

　各作業を分担して分業している場合、前工程の作業が遅れると、必ず後工程の人たちにそのしわ寄せが発生します。

　結局、後工程の人たちに、迷惑をかけることになって

いきます。

⑩人の行動は変えられないと心得る

「自由」とは、自分のやり方で自分の幸せを追求することですが、他人に危害を加える場合は束縛されても仕方がありません。

逆に、害がない限り、その人は自由に行動できるといえます。

自分自身の自由を束縛されることは、誰もが極端に嫌います。同じように、相手の行動に害がないのに、相手の行動を束縛し、自分の意図通りに変えさせようとすることは、避けた方が良いです。

そもそも、自分の子供であっても、人を変えることはできません。あなたの指示で子供が変わったように見えても、それはあなたがいる時だけ、望まれる姿を演じているようなものです。それが証拠に、あなたがいない場では、元の言動に戻ります。

人が変わるのは、本人が「変わろう」と決意した時だけです。

⑪束縛されない「自由」の権利は主張できる

今日は終業後に楽しみにしている趣味の予定があるとします。その時、夕方同僚から「飲み会」の誘いを受けたとします。自分はどっちを優先したいですか？

　それが趣味の場合、同僚に断ることになります。

　束縛されない「自由」の権利は、主張できます。

「自由」は、自分のやり方で自分の幸せを追求すること
です。何が自分にとって幸せなのかは、自分だけが決め
られます。その幸せは、人によってそれぞれ違ってきま
す。

　それが「個性」であり、人の多様性の一面です。ただ、
自分の「幸せ」が何であるかを知ろうとしない人は気の
毒だと思いますが、それも自由といえます。

⑫好奇心を持つと、長生きできる

　いろいろなことに好奇心を持つことは、人生の彩りを
鮮やかにして、かつ長生きできる秘訣かもしれません。

　自分の趣味や好きなことから、その周辺に広げていけ
れば望ましいと思います。

　人間だけの世界に限らず、好奇心を向ける先は、地球
上のいろいろな生物や地球・宇宙と、あらゆるものが対
象となり、限界はありません。つまり、興味の対象が移
り変わってもかまいませんし、何歳になっても勉強はで
きるものです。好奇心を失わないように努め、人の目を
気にすることなく好きな対象と接していくことは、人生
で大切なことです。

「雨ニモマケズ」をベースにオリジナルを作ってみましょう。

　このコラムでは、型にはまった方法だけではない例を示しておきます。

　それは、書式6:「夢」「なりたい自分」の具体的イメージに関して、以下のような方法もあるという一例です。

　書式6では、具体的イメージを箇条書きにしていました。

　宮沢賢治の「雨ニモマケズ」の詩を思い出し、「なりたい自分」を自分なりの表現で表したいと考えたのです。

　まずは、宮沢賢治の詩「雨ニモマケズ」を、以下に示します。原文は漢字とカタカナで表されていますが、分かりやすいようにカタカナ部分はひらがなとした現代語訳を掲載します。

「雨ニモ負ケズ」

雨にも負けず

風にも負けず

雪にも夏の暑さにも負けぬ

丈夫なからだをもち

欲はなく

決して怒らず

いつも静かに笑っている

一日に玄米四合と

味噌と少しの野菜を食べ

あらゆることを

自分を勘定に入れずに

よく見聞きし分かり

そして忘れず

野原の松の林の陰の

小さな萱ぶきの小屋にいて

東に病気の子供あれば

行って看病してやり

西に疲れた母あれば

行ってその稲の束を負い

南に死にそうな人あれば

行ってこわがらなくてもいいといい

北に喧嘩や訴訟があれば

つまらないからやめろといい
日照りのときは涙を流し
寒さの夏はオロオロ歩き
みんなにデクノボーと呼ばれ
ほめられもせず
苦にもされず
そういうものに
わたしはなりたい

　私の想像ではありますが、宮沢賢治の「雨ニモマケズ」
の詩は、宮沢賢治が目指した「なりたい自分」だったので
はないでしょうか。
　私の「なりたい自分」を、「雨ニモマケズ」の詩を真似て、
その具体的イメージを作ってみました。

「人に優しく」

地震に負けず
台風にも負けず
風邪やガンにも負けない
免疫力を持ち
怒ることは少なく
穏やかに笑みをたたえ
いつも言葉少なに佇んでいる

道を急ぐ人あれば

道を開けてどうぞと言い

ぶつかりそうな人あれば

その人の後ろを目指し

本当にぶつかると思った時には

歩みを止める

人の価値観を常に尊重し

自分との違いを

当たり前のように受け入れ

戦争が起こらないように

気を配る

東に怒りに打ち震えている人あれば

傾聴で吐き出してもらい

西に不安を抱える人あれば

夢やなりたい自分に気づいてもらい

南に精神的成長を望む人あれば

焦らず自問自答できるまで付き添って

北にパワーハラスメントだと言われた人あれば

相手の価値観や自分のコンプレックスに気づいてもらい

ようやく見つけた自分の一隅を

ひたむきに照らしていく

そういう人に

わたしはなりたい

私の場合は、宮沢賢治の詩を土台としました。

　不思議な感覚ですが、上記のような詩にしてみると、自分が目指している「なりたい自分」がはっきりと自覚できるように思います。

　私の詩に詩としての価値はなくとも、自分にとって意味があれば良いのだろうと考えています。

　同様に、自分の趣味などを使って、自分の「夢」や「なりたい自分」の具体的イメージを表す方法を提案したいと思いました。例えば、短歌・俳句、絵画・書道、彫刻・陶芸など自分の趣味を生かすことも可能です。もし、作曲できる人であれば、自分の「夢」や「なりたい自分」の言葉から作詞を行い、それに合った曲を作ることも可能かもしれません。

　つまり、いつでも見られる、つい口ずさめるという行為につながれば良いと思います。ぜひ、自分に合った方法で、試してみてください。

第5章

「精神的成長」とは何か？

（1）要約

　この要約項では精神的成長について、①目的、②必要なスキル、③各ステップと手段、④各ステップの効用、⑤歴史、⑥宗教の基本理念と「精神的成長」との関連について、説明します。

①「精神的成長」の目的

　生涯、自分の好きなことを追い求めることで、自分の幸せをつかむため。これが精神的成長の目的です。

　すなわち、日本国憲法第13条で保障されている「幸福追求権」の「幸福」を、「精神的成長」という手段で享受することになります。

　人それぞれの「幸福」は、異なっています。従ってまず、最初に自分の幸せに気づいていくことが重要なステップとなります。

②「精神的成長」に必要なスキル

　必要なのは、「気づく」というスキルだけです。

　この気づく力を育てるためには、自分の言動を振り返りながら、「直感」（第六感）を磨いていくのが一番です。

　最初は「浅い気づき」からスタートし、徐々に「深い気づき」となり、さらに「より深い気づき」になっていきます。

　そのためには、焦らずに「自分のペースで繰り返すこと」と、「継続していくこと」が重要になります。
「コロンブスの卵」とは、「誰でもできそうなことでも、最初に行う時は難しく感じる」という意味ですが、「気づき」はまさにこれです。一度気づくと、複雑ではなく簡単なことが分かるでしょう。
「自分の幸せは、何なのか？」「自分らしいとは、どういうことなのか？」「自分が、本当にやりたいことは、何なのか？」「自分は、どういう人物になりたいのか？」「どうして自分は、相手の言動に怒ったのか？」「どうして、自分の思い通りにならないのか？」という、本当に知りたい問いの答えは、「自分の心の中」にあります。
　ここで問いかけている悩みの「主題」や「主語」は何でしょうか？
　それは、全て「自分」です。
　それゆえに、その問いかけの答えは、必ず「自分の心の中」にあるのだと思います。
　自分を信じて問い続ければ、自分の中にある第六感の「直感」の助けにより、自分が納得できる答えにたどり着けると思います。
　その答えにたどり着くのに、「気づく」というスキルが必要となってきます。

③「精神的成長」の各ステップとその手段

精神的成長には６つの段階（ステップ）があります。それは次になります。

a.「自分を知る」

自分の「価値観」や自分の「夢」に気づきます。

b.「自分を深く知る」

自分の「強み」「弱み」や「なりたい自分」に気づきます。

c.「相手を知る」

相手の「価値観」に気づきます。

d.「さらに深く自分を知る」

「内省」により、自分の「怒り」の「真の原因」を知ります。

e.「人間を知る」

自分の中にある「真の原因」から、人間の本質に気づきます。

f.「世間を分かり始める」

「人間の本質」から、世間の仕組みや動きが分かり始め

ます。

④「精神的成長」の各ステップとその効用

　③の６つの段階（ステップ）には、それぞれ効用、すなわちあなたにとって意味があります。それは次になります。

a.「自分を知る」

　自分の「心の満足度」に関係する要因の一つが分かります。自分が「本当にしたいこと」を自覚できます。

b.「自分を深く知る」

　自分にある「強み」、すなわち「好きなこと」「得意なこと」を自覚します。また「弱み」、すなわち「嫌いなこと」「苦手なこと」を自覚します。

　そして「なりたい自分」、すなわち将来の「目指したい理想の姿」を自覚できるようになります。

　それは、自分が好きな人物像の方向にある姿といえます。

c.「相手を知る」

　相手の「価値観」を想像できるということ、自分と相手の価値観が異なることに気づけます。そのことから、人の「価値観」は「十人十色」なのに気づけます。

また、どうして自分を怒らせるような言動を相手がとったのかも、相手の「価値観」から想像できるようになります。

　さらに、今後自分と相手がどのようになれば、自分が満足できるのかを、「自分の価値観」から書き出せます。

　その自分が書き出した項目と「相手の価値観」から考えて、難しいと思える項目に気づけます。

　そして、今後自分は、どのような行動をとれば良いかを自分で決めていけます。

d.「さらに深く自分を知る」

　人間関係だけでなく、自分の思い通りにいかない場合にも、自分の「怒り」が湧き起こりますが、それらの「真の原因」に気づけるようになります。

e.「人間を知る」

　自分の中にある「真の原因」が、自分以外の人たちとも共通であることに気づけるようになります。つまり、「人間の本質」に気づくことができます。

f.「世間を分かり始める」

「人間の本質」に気づけると、そういう視点で、周りの人たちの考えや行動が理解できるようになってきます。

　また、グループ全体の仕組みや動きも、一部の人たち

の考えや行動がきっかけになっていることに気づけるようになってきます。

　そうすると、同様に、一部の人たちの考えや行動を、「人間の本質」的な視点で理解することができるようになってきます。それを拡張すると、世間の仕組みや動きが全て分かるわけではないけれど、想像することは可能になってきます。

⑤「精神的成長」に関する歴史

「精神的成長」に関する歴史について、私の知る範囲で説明します。

　宗教では古くから、精神的成長を人々に促してきました。最近では「マインドフルネス」や「アンガーマネジメント」などがありますが、ここでは、世界的な「宗教」について説明します。基本的な「教え」や「基本理念」だけに絞ってまとめてみました。

キリスト教：約2000年前に成立

　キリスト教の聖典は「旧約聖書」「新約聖書」であり、神・イエス・キリスト・聖霊の三位一体を信奉します。

　その神は、ユダヤ教の神「ヤハウェ」と同じであり、ユダヤ教では聖典は「旧約聖書」のみとなっています。

　キリスト教の教えは、「神への愛」（全身全霊をかけて神を愛すること）と、「隣人愛」（あなたの隣人をあなた

自身のように愛しなさい）の二つです。

イスラム教：約1400年前に成立

　イスラム教の聖典は「旧約聖書」「新約聖書」「コーラン」（予言者ムハンマドの言葉）であり、神「アッラー」を信奉します。

　その神は、ユダヤ教の神「ヤハウェ」と同じです。

　イスラム教の教えは、「コーラン」に従って生きれば、死後天国に行けるということです。

　イスラム教の基本理念として、「弱者」（孤児・未亡人・貧しい人々）をいたわることがあります。

仏教：約2500年前に成立

　仏陀が、悩みや苦しみのない境地に至る教えを説きました。

　六つの修行のうちの一つに「布施」があります。

「布施」は、自分が幸せになるには、人を幸せにしなければならないということです。

　中国で、大乗仏教が盛んとなり、それが日本に入ってきます。その大乗仏教では、「慈悲」（他人の不幸を抜き去り、幸福を与えること）が重要な基本理念となります。

儒教：約2500年前に成立

　孔子が、現実の社会に適応する道徳の教えを説きまし

た。

　仁、義、礼、智、信の五常の徳目のうちの「仁」は、人を重んじ、思いやることで、これが儒教の基本理念です。

　朱熹が、「朱子学」に発展させていきます。約900年前に成立。朱子学の基本理念は、自己の修養と他者への貢献です。

日本での宗教

（大乗）仏教が、1500年前にインド・中国・朝鮮半島の百済を経由して伝来しました。

　約1200年前、最澄が比叡山に「天台宗」を、空海が高野山に「真言宗」を開きます。約800年前、法然が「浄土宗」を広めます。

　その後、日蓮が「法華宗」を、親鸞が「浄土真宗」を、一遍が「時宗」を、一向俊聖が「一向宗」を開きます。

（小乗）仏教が、約800年前にインド・中国を経由して伝来しました。

　栄西が禅宗「臨済宗」を、道元が禅宗「曹洞宗」を開きます。

　儒教の「朱子学」は、400年前江戸時代の正学として採用されました。

　上記のように、キリスト教、イスラム教、仏教、儒教、

の「教え」や「基本理念」は、共通していることが分かります。

「人を思いやる精神を説き、自分だけが幸福になるのではなく、他の人と共に幸福になること」を求める姿勢を説いています。

この共通している姿勢こそが、自分自身にとっても周囲の人たちにとっても、幸せになるためのキーワードと考えられます。

そして、この共通しているキーワードが、「精神的成長」にも関係するのだと、考えられます。

もちろん、宗教ごとに、守るべき戒律や大きく異なる考え方があることも事実です。

一方日本では、「仏教」と「儒教」が古くから中国から伝来してきており、一般庶民にも「ことわざ」などいろいろな面で浸透しています。

しかし、現在日本人の多くは、冠婚葬祭以外特に宗教に興味を持っておらず、また熱心に信仰している人もその数は少ないように思われます。

⑥宗教の基本理念と「精神的成長」との関連

繰り返しますが、宗教の基本理念は、「人を思いやる精神を説き、自分だけが幸福になるのではなく、他の人と共に幸福になること」を求めることです。

前記の④「精神的成長」の各ステップとその効用での

c.「相手を知る」の部分を、再度以下に掲載します。

『今後自分と相手がどのようになれば、自分が満足できるのかを、「自分の価値観」から書き出せます。その自分が書き出した項目と「相手の価値観」から考えて、難しいと思える項目に気づけます。そして、今後自分は、どのような行動をとれば良いかを自分で決めていけます。』

　まず、最初の部分の「自分の価値観から書き出した自分が満足できること」は、自分が幸福になることを意味しています。

　一方、後半部分の「相手の価値観から考えて、難しいと思える項目に気づける」ということは、相手の幸福を考えていることになります。

　そして、最後の部分の「今後自分は、どのような行動をとれば良いかを自分で決めていく」ということは、相手の「価値観」を自分がどれだけ尊重しているかを問うことになります。

　相手の「価値観」を本当に尊重することができていれば、難しいと気づいた項目については、自分が我慢していく行動をとっていきます。

　すなわち、自分の「精神的成長」の度合いによって、最終的に自分がとる行動に、その程度が反映されることになります。

（2）「怒り」の感情について

　この項では、①「怒り」の感情と「精神的成長」の関係、②「怒り」の主な原因と対処方法について、説明します。

①「怒り」の感情と「精神的成長」の関係

　どうして、「内省」を行う時に、「怒り」の感情から「真の原因」を知ろうとするのでしょうか？

　まず、仏教では、悩みや苦しみを「四苦八苦」といいます。

「四苦」は、生まれる苦しみ、老いる苦しみ、病の苦しみ、死ぬ苦しみの「生老病死」です。この「四苦」は、生命あるものとしては、避けて通ることのできない苦しみです。

「八苦」は、「四苦」に次の四つの苦しみ、特に人間関係から生じる苦しみが加わります。

「愛別離苦」（あいべつりく）：愛する者と別れる苦しみ。

「怨憎会苦」（おんぞうえく）：怨み憎む人と会う苦しみ。

「求不得苦」（ぐふとっく）：欲して求めても得ることのできない苦しみ。

「五蘊盛苦」（ごうんじょうく）：身体・感覚・想起・意志・認識という人間の心身から生じる苦しみ。

　上記の「四苦八苦」のうち、「怨憎会苦」「求不得苦」の二苦は、「怒り」の感情を伴う苦しみです。
「怒り」の「真の原因」が分かれば、これらの苦しみが緩和されたり、減っていったりすることが期待できます。
　また、仏教では、欲望が人間を苦しめる煩悩を生み出し、この煩悩から解放された時に悟りの境地に至ると説いています。
　この煩悩は108つあるとされていますが、特に「三毒」と呼ばれる煩悩があります。
「三毒」と呼ばれる煩悩は、執着する「貪」（とん）・怒りの「瞋」（じん）・無智の「痴」（ち）となります。
　すなわち、「怒り」の感情は、古来より多く現れて、人間を苦しめることを意味していると考えられます。

　上記のように、古くから苦しみの中でも、「怒り」の感情が多いことがいわれています。
　さらに、「怒り」の感情が湧き上がると、「アドレナリン」と呼ばれる脳内物質が放出されることによって、興奮状態になります。
　この「怒り」の場面が自分の中の記憶に強く焼き付き、記憶に残りやすいことが、本書で特に「怒り」を選ぶ理由の一つです。つまり、「怒り」の感情が収まった時でも、「怒り」の場面を思い出すことが容易です。
　また、後になってこの記憶がよみがえることがあり、

再び興奮状態になります。そうすると、「副腎皮質ホルモン」である「コルチゾール」という物質の分泌が増えてきます。

この「コルチゾール」というホルモンが溜まることにより、免疫力低下などの体調不良が生じます。
「怒り」の感情が頻繁に起きて、この「コルチゾール」というホルモンが溜まり続けると、「うつ病」を発症するリスクが高まります。

これが、「怒り」を選ぶ二つ目の理由です。「うつ病」を発症しないように、予防に役立てられればと考えています。

一旦「うつ病」を発症すると、身体の病気と違って完治するまでに長期間が必要となります。また、「うつ病」は、再発しやすい心の病気だといわれています。

②「怒り」の主な原因と対処方法
「怒り」の原因は、一体何なのでしょうか?

多くの原因が考えられますが、ここでは主な原因に絞り、それらの原因の特徴を説明してみたいと思います。

図表13で分かるように、怒っている本人が原因としているのは、第1の原因:「自分は正しく、相手が間違っているから」が圧倒的となります。

従って、この第1の原因以外の原因に気づく人は、ほとんどいないと考えられます。

第1の原因

自分は正しい・相手
が間違っている

原因の面積は、本人が
「怒り」の原因として「気づく」
割合に応じた大きさになっ
ています。

第2の原因

自分の「こだわり」や
強い「ねたみ」

第3の原因

自分の相手
への「甘え」

図表13　逆三角形の図

　しかし、それは「真の原因」ではないことが多いので
すが、大抵の人は相手のせい、つまり「他責」にして、
その後「怒り」の原因を振り返ろうとはしません。
　また、「自分は正しく、相手が間違っている」という
想いから、自分の思っているように相手を変えようとす
る感情が、「怒り」であるともいえます。しかし、これ
は全くの徒労に終わります。自分の「怒り」で相手が変
わることは、決してないからです。
　相手が変わっていくのは、相手自身が「変わりたい」
と思った瞬間から始まることです。

「真の原因」としてまず捉えやすいのは、次の第２の原
因となります。
　この第２の原因としては、多くの可能性があると思い
ますが、次の二つが重要と思います。

一つ目は、「自分の『こだわり』を守ろうとしている
から」となります。
　二つ目は、「強い『ねたみ』が高じたから」となりま
す。
　そして、「真の原因」として非常に捉えにくいのは、
第3の原因です。それは「自分が相手に『甘えて』いる
から」となります。

「真の原因」となるものを、順に説明していきます。
　最初は、第2の原因の一つ目、自分の「こだわり」で
す。ここで、「無意識の自分」＝「潜在意識」のことを
考えてみます。
「意識の自分」＝「顕在意識」と「無意識の自分」＝
「潜在意識」の日常生活で意識が働く比率は、10：90と
圧倒的に「無意識の自分」＝「潜在意識」が多いといわ
れています。以降は、「意識の自分」や「無意識の自
分」と表現します。
「無意識の自分」は、自分自身の思考や行動を常に「自
動化」していきます。すなわち、日常生活の大半を「パ
ターン化」することで、悩まずにスムーズに行動できる
ようになっています。
　しかし、この「パターン化」が「こだわり」となって、
自分の中に形成され続けることになります。
　人の「こだわり」には、どのようなものが考えられる

でしょうか。以下に例を挙げてみます。

　強い劣等感である「コンプレックス」、「プライド」、人種や性別などの「差別」、「世の中の評判」、「勝ち負け」、過去の自分にとっての「成功体験」、法律・規則・ルールなどの「正義と不正」、各国の文化・企業文化・業界の慣例などの「常識」、「自分のくせ」、自分の「食べ物の好み」、自分の個性である「価値観」など。囲碁将棋の格言や定石に大変こだわる人も私の身近にいます。「こだわり」は、仏教では「三毒」と呼ばれる煩悩の一つである、執着する「貪」（とん）となります。すなわち、「執着心」です。「こだわり」があることで、瞬時に判断し、行動することが可能となります。

　一方、「こだわり」以外の選択肢には、全く見向きもしなくなります。そして、自分の「こだわり」に対して、相手が不用意に踏み込んできた時に、急に「怒り」の感情が湧き起こります。

　すなわち、自分の「こだわり」を守ろうとする行為です。

　ここで大切なことは、自分の「こだわり」を全て捨てていくことではないと考えます。

　もちろん、コンプレックス、プライド、人種や性別などの差別など、捨てられれば捨てたいこだわりもあります。

　しかし、成功体験、自分にとっての常識、自分のくせ、

自分の食べ物の好み、自分の個性である価値観など、捨てる必要のない「こだわり」も数多くあります。

　通常の場合は、「常識」通りに企業文化・業界の慣例・囲碁将棋の格言や定石に従って行動していても、新しい環境や局面の時に、囲碁将棋でもよく聞く「場合の手」を指すことが求められるのだと思います。「場合の手」とは常識はずれの手を意味します。しかし、その局面では最善の手となります。

　すなわち、新しい環境や局面の時には、成功体験や常識を疑ってみることが重要だと考えられます。

　次は、第2の原因の二つ目、自分の「強いねたみ」です。

　小さい頃に他の子供と比較されずに育った人はまずいないでしょう。そのため、私たちはいつも自分と他人を比較しています。それが「劣等感」や「ねたみ」の原因になります。

　私は、「劣等感」や「ねたみ」は自然に発生するものであり、それ自体が問題で生きていくのに支障があるとは、考えていません。

「劣等感」や「ねたみ」は、自分と他人を比較して、「他人にあって自分にはない」と感じた瞬間に湧き起こる気持ちです。その対象は、「金銭」や「所有物」に限定されるものではなく、「運動神経」「知能」や「美貌」

「健康」など広範囲に及びます。

「劣等感」や「ねたみ」は、一種の欲望の現れですが、それを獲得しようとするモチベーションになることが多いと思われます。

　問題なのは、その「劣等感」や「ねたみ」が自分自身の中で強化されて、「コンプレックス」や「強いねたみ」に変化した状態だと考えます。

「コンプレックス」は他人に知られないように隠そうとしますが、「強いねたみ」は逆に「怒り」の感情を伴ってきます。場合によっては、相手に敵愾心（てきがいしん）を露わにすることで、相手に嫌なストレスを与えることもあります。

　また、この「強いねたみ」は、他人にあるものを自分が獲得することが難しいと感じれば感じるほど、さらに強化された「強いねたみ」になっていく傾向があります。そして、その相手に危害を加えるリスクも高まります。

　理想的には、「強いねたみ」が解消されることです。

　でも、「強いねたみ」も「コンプレックス」と同じように、自分の中の「こだわり」となっています。

　自分の「こだわり」をなくすことは、通常難しいです。ただ、「強いねたみ」を徐々に「通常のねたみ」に緩和していくことは、可能かもしれません。

　その一つの方法として、「自分が、本当にやりたいことは、何なのか？」「自分は、どういう人物になりたいのか？」という自分の「夢」や「なりたい自分」を自覚

して、比較の対象を「他人」から「自分が目指すもの」に変えていく方法があります。

これは、即効性があるとはいえませんが、徐々に意識が変わることはあります。試す価値はあるでしょう。

最後は、第3の原因である自分の「甘え」です。

自分の「怒り」の「真の原因」として、非常に捉えにくいのが、この自分の「甘え」でしょう。

一方、日常的に発生している大半の「怒り」は、この第3の原因によるものだと、私は考えています。第2の原因の一つ目の自分の「こだわり」も、この第3の原因の自分の「甘え」と関連するケースが多いと感じています。

ではまず、「甘え」とは一体何なのでしょうか？

相手に一方的に期待して、相手もその期待に応えてくれるという根拠のない「思い込み」ということができます。

また、その「甘え」は、相手との関係が「親密である」または「長い付き合い」であるという理由だけで発生します。

どうして、相手への「甘え」が、自分の「怒り」の原因となるのでしょうか？

相手への期待が大きくて、相手の言動がその期待を大きく下回ると、相手に「強い怒り」を覚えることになり

ます。この時相手は、自分の期待の内容を把握していないことが多いです。

なぜなら、それは自分が、一方的に相手に期待しているからです。第三者から見れば、相手にとっては「ありがた迷惑」に感じるだろうと思われます。

この自分の「甘え」と相手の「甘えられる」関係は、どういう場合に生じるでしょう。

親子・兄弟姉妹・夫婦・恋人同士・友人・先輩後輩・上司部下等の関係は、「甘え」「甘えられる」ことが発生しやすいと考えられます。

特に、自分が相手のために、一生懸命努力したり尽くしているという気持ちがあると、ごく自然に相手に対して甘えが発生します。

また、上位・下位の関係がある場合、特に上司部下の関係では「パワーハラスメント」が生じることがあります。

「パワーハラスメント」とは、「優位性を背景に、業務上必要のない行為により、相手に身体的・精神的苦痛を与えること」です。

何らかの理由により、自分の中で不安な気持ちが生じると、上位者が下位者たちに対して、不適切な言動で相手を強く叱責する場合があります。これも、上位者の下位者たちへの「甘え」と捉えることができます。

この時、上位者は自分の都合の悪い状態を、下位者たちに責任を転嫁して叱責していることになります。

　つまり、上位者は自分の都合の良い状況を作り出すために、一方的に下位者たちに期待しているからです。

　この上位・下位の関係がある場合としては、親子関係でも発生します。

　親が何らかの理由で、子供に対して「良い学校を卒業して、大会社に入社すること」を一方的に期待したとします。親が我が子の将来を考えて、そう考えて当然だと思われるかもしれませんが、子供は本当にそのことを望んでいるのでしょうか？

　ここで「甘え」が、相手に一方的に期待して、相手もその期待に応えてくれるという根拠のない「思い込み」であることを思い出してください。まさに、この親の「期待」の場合は、この「甘え」と合致します。

　このように、日常的に広範囲に、人間関係が発生する場面で、「甘え」による「怒り」がいかに発生しやすいものであるか、理解することができると思います。

　しかし、厳密に言うと、「甘え」による「怒り」だけではありません。

「甘えられる」側にも「怒り」が発生します。上司部下の関係では、部下が上司に正面から怒るケースは少ない

と思いますが、親子関係ではよく発生します。

　親の期待に応えられない子供は、反抗期に「怒り」が発生し親子喧嘩になることは、よくあるケースです。

　そして、この「甘え」による「怒り」も、また「甘えられる」側の「怒り」も、ともに強い「ストレス」となることが問題です。

　特に、「甘えられる」側の部下や子供の「ストレス」は、より強くなる傾向になります。これは、「怒り」の連鎖と呼ばれるもので、夫婦喧嘩や友達同士の喧嘩でも発生しやすいものです。つまり、対等な人間関係でも、「怒り」の連鎖は起きやすいのです。

　この「甘え」による「怒り」を軽減することは、可能でしょうか？

　その前に、「甘え」が悪いだけとはいえないことを、理解しておくことは重要であると考えます。

　相手の言動が、自分の期待通り、またはその期待を上回った場合は、より親密さや信頼は増していくことがあります。

　つまり、自分の「甘え」を相手が受け止めてくれた場合、人間関係の絆が強化されていきます。

　人間にとっては、この「甘え」「甘えられる」ということは、避けがたいことでもあります。

では、一体どういう方法が考えられるのでしょうか？
私は、現時点では、二つの方法があると認識しています。
　最初の方法は、自分が「甘えている」ことを認識して
いなくても可能な方法です。
「⑥宗教の基本理念と『精神的成長』との関連」で述べ
た方法です。再度、以下に掲載します。
　それは、自分と相手がどのようになれば、両者が満足
できるかを探ることであることを思い出してください。
　そして、相手の「価値観」を本当に尊重することがで
きていれば、難しいと気づけた項目については、自分が
我慢していく行動をとっていきます。
　ここでの自分が我慢した時が、一方的な期待ではなく
なる瞬間となります。

　二つ目の方法は、自分が「甘えている」ことを認識し
ていく方法です。
　この方法は、かなりの時間がかかるとともに、気づか
せてくれるサポート役の人が必要かもしれません。
「甘え」の本質は、基本的には自分の「わがまま」であ
り、かつ全て相手に依存している状態だといえます。
　自分が相手に対して「甘えた」時には、誰でも気づけ
ないのは致し方がないと思われます。
　しかしその後、自分の言動を振り返り、自分の「甘

え」に気づくことができれば、相手に「迷惑をかけた
な」に近い気持ちが、ごく自然に湧き起こってきます。

　それは、自らは行動せずに、自分の「わがまま」をき
いてもらったという感覚があるからだと思われます。

　そして、しばらくは相手に「甘える」行為を控えるよ
うになり、少しずつ「甘え」が減っていくと思われます。

　ただし、「甘え」が全くなくなるわけではありません。
それは、誰かに「甘えたい」という欲望が、必ず残って
いるからだと思われます。

　ただし、自分の言動を振り返り、自分の「甘え」に気
づくことは難しいです。それは、自分の「わがまま」を
認めて、自分自身それを受け入れることが必要になるか
らだと思われます。

　特に、幼少期・青年期（学生時代）に、両親から「甘
える」ことは良くないと躾けられると、自分自身で「甘
え」を抑制してしまうことがあります。この場合は特に、
自分の「甘え」に気づくことは難しいと思われます。

　大人になって、親しい人が自分に「甘える」ことに、
強い「不快感」や「怒り」を覚えることが多々ある時に
は、自分が「甘え」を抑制しているかどうかを疑ってみ
ることを勧めます。

　そして、自分が「甘え」を抑制して生きてきたと感じ
た場合は、まずは自分が意識して相手に「甘えて」みる
ことが重要だと思います。自分自身が誰かに「甘えた」

経験があると、逆に相手の「甘え」を許容できるように
なれる可能性があります。

　このように、自分の「甘え」に気づくことは難しいで
す。

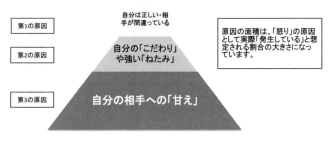

図表14　ピラミッド型の怒りの原因

（3）怒り以外の「感情」について

　この項では、①いろいろな「感情」の種類、②「不安」や「恐怖」の原因と対処方法について説明します。

①いろいろな「感情」の種類

　自分自身に湧き起こる様々な感情を素直に受け止めることが大切です。自分のいろいろな感情に気づけることで、自分の内面にある「無意識の自分」とのやりとりがスムーズになっていきます。

　どうして「感情」に私がこだわっているのか、お話ししておきたいと思います。

　そもそも、私の「弱み」の一つが、「感情表現が苦手」というものでした。最初は、自分の「感情」を気にも留めていませんでしたが、いつからか「怒り」以外の感情も気づいた時に書き出し始めました。

　そうしているうちに、何年も前の「怒り」の原因を自分自身に探る「内省」を何気なく行ってみると、即座にその原因に気づけました。

　つまり、直感が少しずつ磨かれてきており、「気づき」のスキルが向上してきたのだと思います。

　そして、映画やテレビを観て感動した時に涙を流したり、妻の何気ない言葉に反応して声を出して笑ったりできるようになりました。

つまり、感情表現が人並みになってきたのを感じました。もちろん、加齢による影響もあると思いますが、それだけではないように感じます。

　そして、涙を流した後や声を出して笑った後は、気持ちがスッキリする感覚を覚えました。ストレスが発散していく感じです。それは、自分の感情を解放すれば、自分自身のストレス解消につながるということを意味しています。

　自分自身の子供の頃を思い出しました。「人前で泣くのは恥ずかしいことだ」「感情を露わにすると、周囲の人に迷惑をかける」という言葉で育ってきたことです。

　その言葉は、本当に正しいのでしょうか？　今の自分は、その言葉が全てではないと考えます。むしろ、これまでその言葉に、こだわってきたと感じています。

　また、自分の「感情」に気づいていく行為は、最近流行し出した「マインドフルネス」の一環とも考えられます。

「マインドフルネス」とは、身体の五感に意識を集中させ、「今、瞬間の気持ち」「今ある身体状況」といった現実をあるがままに知覚して、受け入れる心を育む練習のことです。

　それでは、いろいろな「感情」には、どういう種類があるのでしょうか？

「負の感情」

弱 ↑ ↓ 強									
むかつく	小憎らしい	気がかり	寂しい	みっともない	切ない	苦しい	がっかり	うんざり
いらだつ	憎たらしい	心配	哀愁	かっこ悪い	やるせない	苦悩	しょげる	
不満	憎い	不安	悲しい	後ろめたい	傷ついた	困る	失望	罪悪感
怒り	恨む	おびえる	憂うつ	恥ずかしい	みじめ	困惑	落胆	
					侮辱された			
					居た堪れない			
激怒	憎悪	怖い	悲愴	屈辱	悲惨	迷惑	絶望	パニック

「正の感情」

弱 ↑ ↓ 強						
面白い	うきうき	好ましい	心を打つ	癒される	面目が立つ	かっこ良い
おかしい	わくわく	好き	感心する	落ち着く	光栄に思う	褒められる
楽しい	うれしい	愛らしい	感動する	安心する	誇りに思う	称賛される
興じる	喜ぶ	愛する	感銘を受ける	安堵する	名誉に思う	絶賛される
無我夢中	歓喜	最愛				

図表15　負の感情、正の感情の一覧表

この図表15「感情一覧表」は私が抽出してみたものです。一例としてご覧ください。

　種類だけでなく、強弱によっても感情を表す言葉は変化してきます。

「怒り」のような「負の感情」だけではなく、「正の感情」もあります。特に、「喜ぶ」という感情の場合、「脳内物質」のドーパミンが放出されます。このドーパミンは、ハードルを越える行動、すなわち「挑戦」を促します。

　このドーパミンは、「快楽物質」とも呼ばれていて、特に以下の二つの場面では多く放出されます。

（1）期待していない臨時収入は少額でも大きな喜びになり、ゲームで強敵のラスボスを倒した時の喜びは大きくなります。これは、新規開拓や新規開発などの「挑戦」につながっていきます。

（2）期待以上の成果が大きければ大きいほど、高揚感が生じます。これは、トライ・アンド・エラーを繰り返させる効果になっていきます。

「喜び」の感情は、車の運転では「アクセル」に相当します。「アクセル」がなければ、望み通りに走れないように、夢の実現には「挑戦」の後にある「喜び」の感情がキーとなります。

　一方、「負の感情」の「不安」は、車の運転では「ブ

レーキ」に相当します。「ブレーキ」がなければ、車の運転ができないように、生きていくには「不安」の感情は不可欠と考えられます。

②「不安」や「恐怖」の原因と対処方法

最初に、「不安」や「恐怖」の感情は、どうして発生するのでしょうか？

「不安」や「恐怖」の感情は、自分自身が「安心できない」または「安全でない」状態であるから発生します。これは、根源的な感情であり、この感情を本質的に軽減したり防いだりすることはできません。

次に、どういう時に、「不安」や強い不安の「恐怖」に襲われるのでしょうか？

a. 不意に襲われる。

b. 近い将来に起こる明確な心配事が、頭に浮かんだ時に襲われる。

c. これからの将来が、漠然と心配になった時に襲われる。

特に、「a.不意に襲われる」場合は、日常頻繁に起きていると考えられます。

以下に、考えられるケースの例を示します。

1）自分の身体で痛みなどの異変に気づいた時

2）自分のミスに気づいた時

3）隠していた秘密や嘘が、露見しそうになった時

4）初めて体験する時

5）初対面の人に会う時

6）いつもと違う環境に身を置いた時

7）想定外の事態に遭遇した時

8）自分の身に危険が迫ってきた時

9）自分の能力が試されそうな時

10）相手の言動がいつもと違うと気づいた時

この「不意に襲われる」不安や恐怖を、防ぐ方法はないと思います。なぜなら、「不安」や「恐怖」の感情が、自分自身が「安心できない」または「安全でない」状態であるというサインだからです。これは、根源的な感情であり、この感情を軽減したり防いだりすることはできません。

問題は、「不安」や「恐怖」に襲われた後の自分の行動にあります。以下に、考えられる行動の例を示します。

イ）頭の中が真っ白になって、何もできなくなる

ロ）パニックになる

ハ）体が震える

ニ）鼓動が速くなる

ホ）手に汗がにじむ

ヘ）慌てて、判断したり行動したりする

ト）何か行動しなければという衝動に駆られる

チ）自慢話をし始める

リ）自分がいかに大した人間であるかを、話し始める

ヌ）言い訳をして、言い逃れようとする

上記の行動のうち、イ）〜ホ）は身体の自然な反応であり、受け入れて時間が経つのを待つしかないと思われます。

しかし、「ヘ）慌てて、判断したり行動したりする」や「ト）何か行動しなければという衝動に駆られる」は、できるだけ避けたい行動です。この場合にとる行動は、「大きな失敗」につながる可能性があるためです。衝動的に判断して行動することになるので、判断ミスをする可能性が高いです。

私も、何度も失敗を重ねた経験があります。最近、自分のよく行う「まじない」に気づきました。それは、「生死に関わることなのか」というものです。

衝動的に判断しようとするその瞬間に、このまじない「今行動しないと、自分の生死に関わる、または相手の生死に関わるのか」を唱えることになります。

つまり、自分に合った「まじない」に気づいて、実行してみるより他に良い方法は見つかっていません。

次は、「チ）自慢話をし始める」「リ）自分がいかに大した人間であるかを、話し始める」の場合、話し始めることは避けられません。

そして、自分が話している内容が、自分自身で「自慢

話」だと気づいた時点で、話を打ち切るようにすること以外に対応することは難しいです。

　また、この場合は、その後自問自答して、「どうして自分は自慢話を始めたのだろうか？」の原因を自分の心の中に求めることで、減らしていけると考えます。

　最後に、「ヌ）言い訳をして、言い逃れようとする」行動は、「3）隠していた秘密や嘘が、露見しそうになった時」に対応しています。

　日常的に、この「ヌ）言い訳をして、言い逃れようとする」行動があれば問題となります。二つ三つの秘密や嘘は、誰にでもあるものでしょう。しかし、その行動が日常的である場合、「日常的に隠したい秘密や嘘が多いのは、どうしてなのだろうか？」を自分に問うことが、ポイントとなります。

　そして、「隠そうとする秘密や嘘が、特定の相手の場合」は、「どうして、その特定の相手を、自分は恐れているのか？」を自分に問うことが、さらなるポイントとなります。

　その問いに答えられるのは、自分自身だけです。

　ただし、その原因が分かった後、どうすれば良いか判断できない時は、第三者に相談することは可能だと思います。

　次に、「b.近い将来に起こる明確な心配事が、頭に浮かんだ時、不安に襲われる」場合に考えられるケースの例を、以下に示します。

　ケース１）明後日、皆の前で自分の意見を発表することになっているが、今日はそのことが心配で仕事が手につかない。

　ケース２）この１か月皆で演奏の練習をしてきた成果を、来週披露することになっているが、成功するかどうか心配でたまらない。

　これらのケースの場合、明確な心配事があることが特徴になります。このようなケースの場合、対処方法が一つあります。

　それは、よくオリンピック選手などが、試合の日が近づいてきた時に行う「イメージトレーニング」です。その「イメージトレーニング」と同様に行う方法です。

　ケース１）「明後日、皆の前で自分の意見を発表することになっているが、今日はそのことが心配で仕事が手につかない」の場合、自分の意見がまとまっていなくても、思いついた意見を滔々と話して、最後は拍手喝采で終わることをイメージします。

　何回でも、心配になったらこれを繰り返します。毎回、思いつく意見は変わっていっても結果は、いつも拍手喝采をイメージします。

　ポイントは、心配になった時、その心配から逃げずに

気が済むまで、イメージトレーニングすることです。

　心配になった時に逃げようとすると、心配になる頻度が増えて、ストレスを溜めるだけになります。

　不思議なことに、イメージトレーニングで浮かんだ思いついた意見が、だんだんと自分の中でまとまっていくことがあります。それは、自分が話したい内容が、断片的に浮かんできたのだろうと思われます。私は、この方法で、ストレスを溜めずにやってきました。

　ケース２）「この１か月皆で演奏の練習をしてきた成果を、来週披露することになっているが、成功するかどうか心配でたまらない」の場合、自分が全くミスのない演奏をして、皆との連携も良く、演奏を終えて、やはり最後は拍手喝采で終わることをイメージします。

　この場合は、過去１か月の練習風景も、イメージトレーニングに含めると、より効果的になると思います。あれだけ一生懸命練習してきて、うまくいかないことはないという感覚も湧いてくると思われます。

　最後に、「c.これからの将来が、漠然と心配になった時に襲われる」不安の場合です。

　これに対処する方法としては、これまで述べてきた「自分の夢」や「なりたい自分」を自覚することが、一番効果的だと考えます。

　目指す方向性がはっきりすると、将来への漠然とした心配は、大きく軽減されていくものだからです。

（4）「怒り」と「不安（恐怖）」との関連について

　この項では、①マズローの５段階欲求説、②「不安」
や「恐怖」が「怒り」につながることについて、説明し
ます。

①マズローの５段階欲求説

「マズローの５段階欲求説」は、アメリカのアブラハ
ム・マズロー（1908 ～ 1970年）が提唱した、人間の基
本的欲求のことです。

　ここで「欲求」とは、「欲望を満たすために要求する
こと」です。

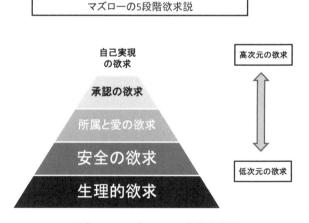

図表16　マズローの５段階欲求説

1）生理的欲求

生命活動を維持するために不可欠な、必要最低限の欲求で、食事・睡眠・排泄など。

2）安全の欲求

身体的に安全で、かつ経済的にも安定した環境で暮らしたいという欲求。

3）所属と愛の欲求

家族や組織など、何らかの社会集団に所属して安心感を得たいという欲求。自分を受け入れてくれる親密な他者の存在が不可欠であるということになります。

4）承認の欲求

所属する集団の中で高く評価されたい、自分の能力を認められたいという欲求。それは、自分が集団から価値ある存在と認められ、尊重されることを求めることになります。

5）自己実現の欲求

自分にしかできないことを成し遂げたい、自分らしく生きていきたいという欲求。

上記の 5 段階の欲求が、日常生活でどのように現れる

かを考えてみます。

1）生理的欲求の場面としては、空腹時に「お腹が鳴ったり」しますし、眠気に襲われるといつの間にかうたた寝をしています。

2）安全の欲求の場面としては、前に説明しましたように、自分にとって何か安心できない状況では「不安」の感情に襲われます。

3）所属と愛の欲求の場面としては、自分を受け入れてくれる親密な他者に「甘え」たり、他者の行動が自分の期待を下回ると「怒り」の感情が湧き起こったりしています。

4）承認の欲求の場面としては、どのような形であっても、褒められたり称賛されたりすれば、「嬉しい」という感情が生じます。
　また、何か安心できない状況で「不安」になると、つい自慢話を始めたり、自分がいかに大した人間であるかを話し始めたりして、暗に相手から尊重されようとします。
　そして、少し複雑な現象としては、目の前にいない人の悪口（陰口）を話すことで、自分は相対的に高く

評価されようとするのも、承認欲求の場面と考えられます。

5) 自己実現の欲求の場面としては、自分の「価値観」に沿った人生を歩んでいくことは、自分らしく生きていこうとする現れと考えられます。

　また、自分の「夢」や「なりたい自分」を自覚した後では、「夢」を実現したい、または「なりたい自分」に近づこうとする行動として現れます。

② 「不安」や「恐怖」が「怒り」につながる

「不安」や「恐怖」の感情は、前述の「マズローの5段階欲求説」では、「安全の欲求」で現れます。

　つまり、低次の欲求であり、根源的な欲望に関係している感情であるといえます。

　一方、「怒り」の感情は、前述の「マズローの5段階欲求説」では、「所属と愛の欲求」で現れます。つまり、「安全の欲求」よりも高次の欲求となります。

　ここで、「怒り」の原因を振り返ってみたいと思います。

　以下に、「怒り」の原因を書いてみます。

　第1の原因は、「自分は正しく、相手が間違っているから」です。

　第2の原因の一つ目は、「自分のこだわりを守ろうと

しているから」です。

　第2の原因の二つ目は、「強いねたみが高じたから」です。

　第3の原因は、「自分が相手に甘えているから」です。

　これらの4つの原因が、「不安」や「恐怖」の感情と関連があるかどうか確認してみましょう。

　第1の原因の「自分は正しく、相手が間違っている」を確認してみます。この場合、自分のこれからの行動は、間違っている相手を変えようとします。それは、どうしてでしょうか？

　現在の状況のままでは、自分は安心できないと思っているから、相手を変えようと行動するのだと考えます。

　つまり、この原因の根底にあるのは、「不安」や「恐怖」であると想像できます。

　第2の原因の一つ目の「自分のこだわりを守ろうとしている」を確認してみます。相手の言動が、自分が大切にしている「こだわり」に土足で踏み込んできたように感じられるのです。

　どうして、自分の「こだわり」を、大切に守りたいのでしょうか？　その「こだわり」は、自分の「価値観」だけではありません。

　これまで無意識であるとはいえ、その「こだわり」を当然のように感じて、行動してきたことに変わりはありません。それを、相手から否定されたと、直感的に感じ

たのではないかと考えています。そのため、自然と「怒り」の感情が湧いてきます。

つまり、第1の原因の場合と同じように、このままでは、自分は安心できない状況だと感じているのだろうと考えます。この原因の根底にあるのも、「不安」や「恐怖」であると想像できます。

第2の原因の二つ目の「強いねたみが高じた」を確認してみます。

この場合、自分のこれからの行動は、自分にはなくて相手にあるものを、自分も獲得しようとします。

どうして、自分も獲得しようとするのでしょうか？獲得しないと、自分は相手より不利な状態、または不利益を被る状況だと感じているからだと考えられます。

やはり、それはこのままでは、自分は安心できない状況だと感じているのだろうと考えます。この原因の根底にあるのも、「不安」や「恐怖」であると想像できます。

第3の原因である「自分が相手に甘えている」を確認してみます。

自分が無意識に、相手に対し一方的に期待して、相手もその期待に応えてくれると思っていたのに、がっかりする結果に「怒り」を覚えたのです。

それは、このままの状態では、自分にとって不利益を

被るからだと感じているからだと考えられます。やはり、それはこのままでは、自分は安心できない状況だと感じているのだろうと考えます。

　そしてこの場合も、この原因の根底にあるのは、「不安」や「恐怖」であると想像できます。

　上記のように、「怒り」の原因の根底には、「真の理由」である「安心できない状況を打破したいから」が隠れていると考えられます。

　つまり、「怒り」の感情は、「不安」や「恐怖」という感情と密接に関連していると想像されます。

　ところで、話は我々の種である「ホモ・サピエンス」の大昔の過去に遡ってみたいと思います。「ホモ・サピエンス」の発祥地は、現在から20万年前にアフリカ東部の現在のエチオピア辺りであるようにいわれています。

　そして、7万年前頃、アフリカ大陸の外に広がり、世界の全ての大陸に移動していきます。日本では、3万8000年前の旧石器時代の遺跡が見つかっています。

　そして、長い年月、ホモ・サピエンスは「狩猟・採集」により生き延びてきました。ようやく、穀物栽培による農業革命が起きるのは1万年前であり、日本では今からおよそ3000年前の弥生時代から稲作が始まります。

　日本の過去を1年のカレンダーにしてみると、3万

8000年前が1月1日として現在が12月31日になります。そうすると、農業が始まるのは12月2日となります。

日本でのご先祖様は、1年のうち11か月の期間、「狩猟・採集」により生きてきたことになります。

ここで想像してもらいたいのは、「狩猟・採集」の時代、日本ではマンモスやナウマン象の大型哺乳動物がいました。また、熊やトラ、ヒョウなどの肉食動物もいたはずです。大型の獲物にしても、肉食動物にしても、狩猟時に遭遇した場合を想像してください。まず、「恐怖」の感情が襲ってくると思います。

そこで、躊躇することは非常に危険です。直ちに、「戦う」か「逃げる」かを決めて、行動したと思います。その時、「恐怖」の感情と一緒に、「怒り」の感情が湧き上がっていたのだろうと想像されます。

戦うにしても、逃げるにしても、全力で行動することが求められます。

現在の日本では「狩猟・採集」時代と同じような状況は起こりませんが、強いストレスを感じた場合の反応は、同じように起きているのではないでしょうか。

つまり、「不安」や「恐怖」という感情とほぼ同時に「怒り」の感情が湧き上がっているのではないかと、想像されます。

（5）「挫折」と「試練」

　この項では、①「挫折」と「試練」の違い、②「挫折」を乗り越えるには、③「試練」を乗り越えるには、④乗り越えるとは、⑤私の「挫折」と「試練」を説明します。

①「挫折」と「試練」の違い

　日常生活で、自分の思い通りにいかないことは、誰でも数多くあると思います。その中でも、特に意欲を失い、くじけそうになる場合が起こります。それを、ここでは「挫折」と考えます。

　つまり、「挫折」とは、「自分が当初描いていたようにはいかず、そのため続ける気力を失って、諦めてしまうこと」になります。

　一方、人生の中で、強烈なストレスを受けるとか、強いストレスを長く感じ続ける場面が、時に発生することがあります。それを、ここでは「試練」と考えます。

　つまり、「試練」とは、「自分にとって到底忘れることができない出来事であり、辛く苦痛の時が続くこと」になります。

　多かれ少なかれ、誰でも挫折や試練の経験はあるでしょう。時にその苦い思いがよみがえり、進む足が鈍ったり物事を諦めたりということはないでしょうか？

「挫折」は、当初描いていたように行いたかったのに、途中で諦めてしまったことが心残りとなり、その記憶が残っている状態です。

　一方「試練」は、できればその記憶を消したいと願っているのに、ある日突然、その時の記憶がよみがえってくる状態です。

②「挫折」を乗り越えるには

　まず、「挫折」の記憶がよみがえった時には、「その時の自分にとっては仕方がなかったことだ」と、自分自身を肯定することが重要だと思います。

　つまり、それは過去のことであり、かつ、そのことを変えることは不可能であるといえます。

　その上で、似たような「挫折」を味わうことが、嫌かどうかを考えてみます。

　もし、似たような「挫折」であれば、嫌ではないと思うならば、それ以上考えません。

　ただし、今後似たような「挫折」を味わうことは、二度と嫌だと思うならば、少し時間を取ってみてください。

　まず、最初に過去の「挫折」の記憶を振り返ります。

1）「どうして、自分は続けないで、諦めてしまったのか？」を、自分に問うてみます。

　「その時の自分にとっては、続けてみても、自分が思

い描くようになることは到底無理だと思った」ことに
気づいたとします。

2）「今の自分だったら、どうだろうか？　何か、過去
の自分と違うことができただろうか？」を、自分に問
うてみます。
　「もし、今の自分なら、……を行動したかもしれな
い」と気づいたとします。

3）「今の自分が……を行動したら、過去の結果はどう
変化していったか？」を想像してみます。
　「過去の結果は、良いイメージになった」としますと、
過去の自分の記憶を「その良いイメージ」に書き換え
てみます。
　今後は、「挫折」の記憶がよみがえるたびに、「……
を行動し、その結果は良いイメージになった」ように
書き換えます。
　そうすると、その「挫折」の記憶がよみがえる頻度
は、極端に減っていくと思われます。
　つまり、「心残り」だった強い記憶ではなくて、「う
まくいった」その他多くの記憶と同じように、薄らい
でいくからと思われます。

4）ところで、「今の自分なら、……を行動する」とい

うことが、本当に実践できるようになれば、この「挫
折」を乗り越えたことになります。

　過去の「挫折」を味わいたくないという気持ちが、
自分の行動を後押ししてくれると思われます。

５）上記２）の「今の自分だったら、どうだろうか？
　何か、過去の自分と違うことができただろうか？」を
　自分に問うて、何も気づかなかった場合はどうすれば
　良いでしょうか。

　その場合は諦めて、似たような「挫折」があっても、
仕方ないと考えるようにしましょう。

　全ての「挫折」について、それら全てを乗り越える
必要はないかもしれません。

③「試練」を乗り越えるには

　まず、「試練」の記憶がよみがえった時、実は「挫
折」のように冷静に対処することが非常に難しいです。
「試練」は、できればその記憶を消したいと願っている
のに、ある日突然その時の記憶がよみがえってくるから
です。

　従って、「試練」の記憶がよみがえった時には、否応
なく過去の記憶が次々と写真の一こまのように浮かんで
きて、辛い状況となります。

　この時に、選択肢は二つあります。

一つ目は、この「試練」の記憶が早く薄れてほしいと願って、薄れるまで待つ方法です。

　二つ目は、特に、自分を苦しめる写真の一つの場面に着目する方法です。

　一つ目の薄れるまで待つ方法は、辛い苦しい時間が続きますが、過ぎてしまえば楽になります。ただ、難点は、いつ再度「試練」の記憶がよみがえるかという大きな不安が残ることです。

　二つ目の、自分を苦しめる写真の一つの場面に着目する方法は、辛く苦しい時間を少し減らせる効果と、再度「試練」の記憶がよみがえっても大丈夫という効果があります。

　実はその方法は、「挫折」の場合と似ています。

１）特に、自分を苦しめる写真の一つの場面で、「今の自分だったら、どうだろうか？　何か、過去の自分と違うことができただろうか？」を、自分に問うてみます。

　「もし、今の自分なら、……を行動したかもしれない」と気づいたとします。

２）「今の自分が……を行動したら、過去の結果はどう変化していったか？」を想像してみます。

　「過去の結果は、良いイメージになった」としますと、

過去の自分の記憶を「その良いイメージ」に書き換え
てみます。

　今後は、「試練」の記憶がよみがえるたびに、「……
を行動し、その結果は良いイメージになった」ように
書き換えます。そうすると、その「試練」の記憶がよ
みがえる頻度は、極端に減っていくと思われます。

　つまり、「自分にとって到底忘れることができない
出来事」だった強い記憶ではなくて、「うまくいっ
た」その他多くの記憶と同じように、薄らいでいくか
らと思われます。

3）ところで、「今の自分なら、……を行動する」とい
うことが、本当に実践できるようになれば、この「試
練」を乗り越えたことになります。

　また、実践する時、躊躇する自分に気づいた場合に
は、過去の「試練」の辛い記憶を思い出すことがポイ
ントとなります。

　過去の「試練」は二度と嫌だという気持ちが、自分
の行動を後押ししてくれると思われます。

④乗り越えるとは

「挫折」や「試練」を乗り越えるとは、一体何なので
しょうか？

　ともに、強いストレスとなっている記憶がよみがえる

たびに、自分自身が苦しむことになります。

　ところで、どうして「挫折」や「試練」の記憶が、突然フラッシュバックのようによみがえるのでしょうか？

　私自身の経験では、直前の自分の行動や周りの環境からは全く判断できないような状況で、突然記憶がよみがえるように感じました。

　しかし、「無意識の自分」は、何か「強い不安」に駆られて、強いストレスである「挫折」や「試練」の記憶をよみがえらせているのだろうと想像しています。

　つまり、今のこの状態は、過去の「挫折」や「試練」の状況に似ていると判断して、このままでは危険だと感じているのかもしれません。

　本来、「挫折」や「試練」という強い「負の感情」の記憶は、安全ではないという強い記憶になっていると思われます。

　乗り越えるとは、「『負の感情』のメッセージを受け取り、現在の自分にとってできることに気づき、実践すること」だと考えます。

⑤私の「挫折」と「試練」

　私は、中学１年生から現在までの間に、18回の「挫折」を経験しました。自分の過去を振り返ってみます。

　年代別では、〜20歳：３回、21〜40歳：３回、41〜60歳：９回（全体の50％）、61歳〜：３回の頻度で

した。特に、41 ～ 60歳の20年間で、半数を占めています。

特に50代が非常に多かったですが、会社関係の「挫折」が多かったです。会社関係の「挫折」は、全部で6回あり、全体の3分の1を占めました。

ただし、私が「挫折」を乗り越えたことは、一度もありませんでした。私にとって「挫折」はしばらく嫌な記憶となりましたが、忘れることができたようです。

私の「試練」は、20代前半に1回、50代前半に1回、60代半ばに1回の合計3回です。私の場合、比較的高年齢になってからの「試練」が多い傾向があります。高年齢での「試練」は、精神的にこたえます。

特に50代前半の「試練」が、自分にとって一番辛かったからかもしれませんが、その記憶を封印してきました。それが、60代前半に「キャリア・カウンセラー」の資格（CDAの資格）を取るために研修で、自分の過去を振り返ることになりました。そのことが、10年ぶりにパンドラの箱を開けたことになり、半年後に突然50代前半の「試練」の記憶がフラッシュバックしてきました。

その時は、もがき苦しみながらも、ようやく乗り越えることができました。

その時気づいた「今の自分だったらできること」が、

現在の私のカウンセリングで、非常に役立っています。今も、自分の背中を押してくれています。

　その後に経験した60代半ばの「試練」は、３回目ということもあって、比較的短時間で「今の自分にできること」に気づけました。

　それも、現在の自分にとっては、貴重な気づきとして、その後の行動に生かせています。

　私の場合は、３回の「試練」のうち、２回乗り越えることができました。

　全ての「試練」を乗り越えることはないと思っています。「挫折」にしろ、「試練」にしろ、どれを乗り越えるかは、自分で決めて良いのだろうと考えます。

（6）「夢」とは何か？

この項では、①子供の「夢」と大人の「夢」の違い、②「夢」と欲望、③「夢」と幸せ、④自分の「夢」とは、⑤「夢」と「なりたい自分」と「価値観」との関係、⑥「夢」とは何かを説明します。

①子供の「夢」と大人の「夢」の違い

子供の時に描く「夢」は、憧れに近い感覚のような気がします。その憧れには、空想に近い願望が含まれているように感じられます。

つまり、自分にとっては魅力的であるが、その「夢」は実現できれば良いなあという願望です。

一方、大人が描く「夢」は、もう少し現実的な感触があると思います。ぜひ実現したいという強い願望のように感じられます。

つまり、自分にとって魅力的であると同時に、その「夢」をぜひ実現したいという強い願望です。

大人の「夢」が、子供の「夢」と違う点は、実現に向けた「熱意」の差なのかもしれません。

「夢」を描くのは子供だけと考える必要はないと思います。大人が「夢」を描くことは、生きていく上で必要な「地図」のようなものといえるでしょう。

② 「夢」と欲望

「人は、欲望と感情の動物である」とみることができると考えます。

「夢」を追いかける人生とは、どういう人生かを考えてみます。

「夢」を追いかける人生とは、常に「快」を求める人生なのかもしれません。一つの「夢」が実現したとしても、さらに次の「夢」を追いかけていく。

その意味では、「夢」を追いかける人生というのは、欲望が際限ないものであるといえます。

次に、自分にとって「魅力的な夢を叶えたい」というのは、どういう欲望かを考えてみます。

「魅力的な夢を叶える」ためには、自分の他の欲望を抑えることもありますし、他の欲望をなくすこともあります。

すなわち、夢を叶えようとしている時は夢中になって、他のことを顧みないことがあります。

また、夢を叶えるためには、他の物は買わなくても、夢に必要な物を購入しようとします。

その意味では、「魅力的な夢を叶える」というのは、「最大の欲望」であるといえるかもしれません。

つまり、欲望の最たるものが、「夢」なのでしょう。

③「夢」と幸せ

まず、幸せとは何なのでしょうか？

もちろん、人によって「幸せ」の中身は違っていますが、「正の感情」を伴った時間が継続的に感じられることであるように思われます。

ここでいう「正の感情」とは、「喜び」「感動」「楽しい」という感情のことです。

②で「夢」を追いかける人生を考えてみたように、「夢」を追いかける人生とは、常に「快」を求める人生なのかもしれません。

どうして、夢を追いかけることが、「快」を求めることにつながるのでしょうか？「夢」を実現させないと、喜びや感動の感情が湧かないのではありません。

子供の頃の遠足や修学旅行のことを思い出してください。

必ずしも、目的地に着いてからだけが、ワクワクしていたわけではなかったと思います。前日に旅行の準備や「しおり」に目を通している時から、既にワクワクする気持ちが生じていたと思います。

「夢」の場合も同様です。

「夢」が一朝一夕に実現するわけではありません。ただし、一歩一歩近づいてきたという場面で、必ず「喜び」の感情が湧いてきます。大きなステップを踏めた時には、

「感動」の感情も湧いてきます。

その瞬間、瞬間に、幸せを感じているのだろうと思います。

また、特に意識しなくても、夢の実現に関係しそうなことが、頭に浮かんできたりします。

そして、夢に関係していると思うと、つい夢中になって時間が経つのを忘れたりします。

つまり、「夢」を追いかけているその「過程」が、「楽しい」のです。全く辛くはありません。

やはり、「夢」を追いかける人生は、常に「快」を求める人生であるといえます。

④自分の「夢」とは

ここでは、自分の「夢」は、自分にとってどういう意味があるのかを取り上げてみます。

ある時、5年後または10年後の自分の「夢」を描いたとします。ところが、その直後に自分を取り巻く周囲の環境が大きく変化した場合、自分の「夢」をどう取り扱えば良いのでしょうか。

環境が大きく変化しても、せっかく描いた自分の「夢」を捨てないで、その「夢」を追いかければ良いのでしょうか。

私の考えは、自分の「夢」はあくまでも自分だけのものだということです。つまり、描いた自分の「夢」を捨

てて、新たに自分の「夢」を描き直すことは、本人の気持ち次第だと考えます。

　自分の「夢」を変更するのに、説明や許可は全く不要です。自分自身が、その変更の理由を知っていれば良いのだと思います。

　ただし、一つ注意することがあります。

　それは、描いた自分の「夢」のハードルを低く下げる変更の場合です。ハードルを高くし過ぎたと判断して、そのハードルを下げようとした時に、注意していただきたいのは、下げてもその「夢」は自分にとって魅力的かどうかです。

　自分の「夢」を実現することだけが目的ではありません。自分の「夢」が魅力的でなければ、それを追い求めても「幸せ」を実感できないかもしれません。

　常に、自分にとって魅力的な「夢」を描くことに留意してください。

　従って、もう少しで自分の「夢」が実現しそうな時でも、その「夢」は既に自分にとって魅力的でない場合は、新しい別の「夢」を描くことに躊躇は要りません。

　常に、自分にとって魅力的な「夢」を描いて、それを追い求めることが重要だと考えます。

⑤「夢」と「なりたい自分」と「価値観」との関係

　どうして、自分の「夢」だけでは不十分なのでしょう

か？

　それは、「夢」の実現には、自分の行動だけで実現するものではなく、周りの人たちの協力や世の中の動きに左右されることが多いためです。つまり、環境変化に影響されます。

　一方、「なりたい自分」は、自分の「強み」や「弱み」をどうしたいのかという視点で捉えているので、環境変化の影響を受けにくいのです。

　また、自分の「夢」が「結果重視」のモノサシだとすれば、「なりたい自分」は「プロセス重視」のモノサシとなります。モノサシが2種類あった方が、長い人生を生き抜くためには良いと考えます。

　ここで、「夢」の実現を目指すことと「なりたい自分」を目指すことの関係を考えてみます。

　まず、「精神的成長」を促進するのは、両者ともに関係すると考えられますが、より「なりたい自分」を目指すことの方が、促進する原動力が強いと思います。

　それは、「なりたい自分」が、自分の「強み」や「弱み」という自分自身の内面を捉えているからだと考えています。

「なりたい自分」を目指すに当たって、今の自分ができることを考えて実践していきます。

　日常的には、その実践を通して「なりたい自分」とのギャップを改善していくことになります。そのことが、

自分の「夢」の実現に役立っていくことにつながっていきます。

　次に、「価値観」と「夢」「なりたい自分」との関係を考えてみます。
「価値観」は、自分にとって大切にしている「こだわり」です。

　そして、自分の「価値観」に沿っていると、相対的に自分の満足度が高い状態となります。

　もちろん、人間関係の悩みや思い通りにいかない時の「怒り」はありますが、自分を振り返る場面では、自分の「価値観」が充足していることが重要です。

　従って、「内省」を行う場面、つまり「精神的成長」を促すためには、「価値観」の充足が欠かせません。

　私の場合を例にとって考えてみましょう。

　私の「なりたい自分」は、「自然体で、人に優しくできる自分」です。

　この理想像は漠然としているように見えますが、まず、最初に何に着目するかを考えて、以下の行動から始めることにしました。

　繁華街や駅のプラットホームで多くの人が行き交う時、相手とぶつからないように、そして相手の進路を妨害することがないように、自然体で実践できるか試してみることにしました。

これは、日々日常的な体験から、どの程度進展しているかを判断しやすいです。最初は、必ずしもうまくいかずに、ぶつかることもありました。それが、今では自分の視野を広く保ちながら、前後左右に行き交う人たちの動きを感じられるようになってきました。

　これは、自分の「夢」である「一人でも多くの人に、成長を実感してもらう」のに、大いに役立っています。

　カウンセリングを行う場面で、相手の表情や動作、声の調子など、自然体で感じることに、役立っているように思えます。

　成長を実感してもらうためには、まずは相手が今どういう状態なのかを、把握できていることが重要となります。

　また、私の「価値観」は、「マイペースで、潜在能力を発揮する」です。

　カウンセリングが終わった時に、何か「モヤモヤ」した感じがすることがあります。そのような時は、大抵は翌朝にその「モヤモヤ」の原因に気づくことが多いです。

　どのカウンセリングだったのかが特定されて、問題となる私の対応や説明の場面が記憶によみがえってきます。

　しかし、いつ私がそのカウンセリングについて「内省」するのかは、まちまちです。翌朝すぐに行う場合もありますし、しばらくしてから行う時もあります。

　私の「価値観」である「こだわり」は、特に自分の

ペースが重要です。

　私は、「夢」と「なりたい自分」と「価値観」との関係を、次のような例えとして考えています。皆さんの理解に、少しでも役立つかもしれないので、書いておきます。

「夢」は、山登りに似ていると考えています。頂上を目指していき、一つの頂上に着いたら、別の山の頂上を目指していきます。

「なりたい自分」は、大海原にある宝島を目指すことに、似ていると考えています。そう簡単に自分の宝島に到達することはできません。従って、「山」というよりは「海」のイメージとなります。

　そして、「価値観」は方位磁石や羅針盤に似ていると考えています。

「夢」という地図や、「なりたい自分」という海図があっても、どの方向に進んでいけば良いのか分かりません。その方向を示しているのは「価値観」であり、その方向に一歩踏み出すためには「内省」が必要になるのです。

　そして、「夢」や「なりたい自分」の具体的なイメージが鮮明であればあるほど、山の頂上に昇る朝日や宝島の灯台の光のように、その光が遠くまで輝いているイメージです。

周囲が暗くて山の頂上や宝島が見えない時や、嵐のような「逆境」の時には、その灯台の光により、自分が目指す方向をしっかり認識できるのだと考えています。

　いかがですか。上記のような例えは、「夢」と「なりたい自分」と「価値観」の理解に役立ったでしょうか。

⑥「夢」とは何か

「夢」を追いかける人生とは、常に「快」を求める人生なのかもしれません。

「夢」を追いかけるとは、「喜び」「感動」「楽しい」という感情を味わい続けることかもしれません。

「魅力的な夢を叶える」というのは、「最大の欲望」であるといえるかもしれません。

　夢を変更するのは、何の気兼ねもなく躊躇せずに、いつでもできます。自分の「夢」は、あくまでも自分だけのものです。

　夢のない人生は、「つまらない」人生といえるかもしれません。夢を追いかける人生は、「面白く楽しい」人生といえるかもしれません。

（7）「甘え」と「寛容」について

　この項では、①「甘え」の対極とは、②「甘え」は悪いのか、③「甘え」に対する対処方法、④「甘え」と「寛容」をどう捉えるか、⑤人間の本質についての５つのポイントを説明します。

①「甘え」の対極とは

「甘え」とは一体何だったのかを、以下に再度書き出してみます。

「甘え」は、相手に一方的に期待して、相手もその期待に応えてくれるという根拠のない「思い込み」です。

「甘え」は、相手との関係が「親密である」または「長い付き合い」であるという理由だけで発生します。

　親子・兄弟姉妹・夫婦・恋人同士・友人・先輩後輩・上司部下等の関係は、「甘え」「甘えられる」ことが発生しやすいです。

　日常的に発生している大半の「怒り」は、この「甘え」によるものだと思われます。

「甘え」の本質は、基本的には自分の「わがまま」であり、かつ全て相手に依存している状態だといえます。

「マズローの５段階欲求説」の「所属と愛の欲求」の場面で、自分を受け入れてくれる親密な他者に「甘え」たり、他者の行動が自分の期待を下回ると「怒り」の感情

が湧き起こったりしています。

それでは、「甘え」の対極にあるのは、一体何でしょうか？

それは、相手の「甘え」を「許容」することではないでしょうか？　それを一言で表せば、「寛容」だと思います。

「甘え」と「寛容」を比較してみたいと思います。以下に、それを示します。

	「甘え」	「寛容」
1)	・相手に依存している 相手に期待するが、 自分は行動しない	・自立している 相手に頼らず、 自ら行動する
2)	・利己的である 最初に自分のことを考える	・利他的である 最初に他人のことを考える
3)	・相手のミスは許さない 相手には厳しい態度をとる	・相手のミスを許容する 相手に優しい態度をとる

図表17　甘えと寛容の対比

②「甘え」は悪いのか

この図表のように比較すると、あたかも「甘え」は悪く、「寛容」は良いという印象を持たれると思いますが、果たしてそれだけでしょうか？

そもそも、生まれたばかりの「赤ん坊」は、周囲に依存しないと生きていけない存在ですし、周囲の人たちのことは一切お構いなく、寝たい時に寝て、起きてお腹が

166

空いたら泣き喚く存在です。

「赤ん坊」は極端な「甘え」の状態であり、全ての人は
その状態から始まるといえます。

　ところで、究極の「利己主義」とはどういう状態をい
うのでしょうか？　それは、「他人は死んでも、自分だ
けは生き残る」という状態だと思われます。

　一方、究極の「利他主義」とはどういう状態をいうの
でしょうか？　それは、「他人のために、自分が犠牲に
なる」という状態だと思われます。

　私は、どちらが良くて、どちらが悪いとも思えません。

　私には、どちらも良くないように思えます。私には、
「究極」や「極端」な状態は、人間にとって好ましくな
いのだろうと思います。人間にとっては「バランス」が
最も重要な気がします。

　つまり、誰かに「甘え」たり、時には相手の「甘え」
を受け止めながら暮らしていくのが、良さそうに思えま
す。

　それでは、その「バランス」をどのようにすれば良い
のでしょうか？

　それは、自分で決めていくのが、一番無理がないよう
に感じています。そのためには、まず自分が相手に「甘
えた」ことと、相手が自分に「甘えてきた」ことに、
「気づく」ことが最も重要であり、その「気づき」のス
キルアップが肝要と考えています。

その「気づき」のスキルアップに、自分の「怒り」、そして、さらには相手の「怒り」を振り返ることが良いと思います。

③ 「甘え」に対する対処方法

まず、相手が自分に対して「甘えてきた」状態を考えます。

すなわち、自分に対して相手が「怒り」をぶつけてきた場面です。「怒り」は、単に大声で叫んだり、物を投げつけたりするようなことだけではありません。相手が興奮した状態で話したり、相手の表情がこわばったりしていても、「怒り」と判断できます。

ここで、一番重要だと考えるのは、「怒りの連鎖」を止めることでしょう。では、どうすれば「怒りの連鎖」を止めることが、可能になるのでしょうか？

まず、自分に対して相手が「怒り」をぶつけてきた時、最初の相手の言葉は記憶しても、それ以降の言葉を聞き流せば申し分ないと思われます。どうして「相手」が怒っているかは、最初の言葉に現れますので、それ以降の言葉を聞く必要は全くないと考えます。

できるだけ、暴風雨が過ぎ去るのを待つ心境で良いと思います。

「怒りの連鎖」は、自分で止めるという気持ちが、大切だと思います。「怒りの連鎖」は、放っておくと、どん

どんとエスカレートして、取り返しのつかない状態まで進むリスクがあります。

　そして、相手の怒りの興奮が収まって、解放された後に、「どうして、相手は自分に怒ったのだろうか？」を振り返ります。

　特に、相手の最初の言葉に注目します。そうすると、「相手の価値観」「こだわり」「相手のくせ」などに気づける場合があります。

　今後は、それらに踏み込まないように注意すれば、相手を怒らせることが少なくなると思われます。

　ところで、自分に対して相手が「怒り」をぶつけてきた時、相手が自分より上位者なので不服ながら黙っていた場合、これは「怒りの連鎖」と考えます。

　上司などの怒りは黙って聞かなければならず、説明や言い訳も許されないケースがあります。そのため、あなたに不満が溜まり、怒りから恨みの感情へと変わります。これは「怒りの連鎖」です。

　この「恨み」は、「怒り」以上に強いストレスとなってきます。そのため、「怒り」よりも長い期間記憶に残りますし、「恨み」は「怒り」より深く記憶に刻まれます。

　従って、「恨み」を感じた日は残業しないで、ストレスを発散して早く寝ることが一番大切となります。これ

は、自分を守るためです。

特に、強いストレスの場合は、できるだけ身体を動かすストレス発散が効果的です。スポーツジムで汗を流したり、サンドバッグなどを叩いたり、自分に合った方法が必要です。

もし身体を動かすことが苦手であれば、大きな声を出すことも有効です。一人カラオケなどで歌うだけでなく、相手に対して言えなかったことを大声で言うことも良いと思います。

そして、寝ようと寝床に入っても、相手の顔が浮かんでくるようならば、寝床から起きて書き出すことも有効です。どんな紙でも、どんな筆記用具でもかまいません。

この場合も、相手に対して言えなかったことを指先に力を入れて書き殴ってください。翌朝、その紙は破って捨ててください。

とにかく、強いストレスは溜めないで、翌日以降に引きずらないことが、一番大事だと思います。

次に、相手が自分に対して「甘えてきた」時に、つい自分も相手に対して「甘えてしまった」場合を考えます。つまり、「怒りの連鎖」が発生した場合です。

この場合、双方ともに興奮状態となっています。この時、とることのできる行動が二つあると私は考えます。他にも方法があるかもしれません。あなたも探してみて

ください。

１）一つ目の方法は、午前中に「怒りの連鎖」が起きた場合、昼休みに自分と相手を振り返って、午後には「相手」に宣言する方法です。

まず、昼休みにできるだけ自分の興奮状態を収めて、気持ちを落ち着かせることが一番大事となります。そして、気持ちが少し落ち着いたら、まず、最初に「相手」はどうして「自分」に対して、腹を立てたのかを考えてみます。

特に、「自分の言動」との関係を考えます。どの「自分の言動」がきっかけとなって、「相手」が腹を立てたのかを考えます。それに気づけたら、今度はどうして自分は腹を立てたのかを考えます。

この時は、逆に「相手の言動」のどの部分がきっかけとなって、「自分」が腹を立てたのかを考えます。「自分」が腹を立てたきっかけが分かったら、今後どうするかを決めていきます。一番良い決め方は、「相手」が腹を立てた「自分の行動」を中止すること、または「自分の発言」を謝罪することです。それを、午後に「相手」に宣言します。

この方法は、「相手」を非難していません。あくまでも、「自分の言動」に焦点を当てて宣言している点が、ポイントとなります。

つまり、「自分」が腹を立てた「相手の言動」に、触れていないことが重要です。そのことに触れると、「相手」は再度自分を攻撃してきたと思い、「怒り」が再燃してしまいます。

２）二つ目の方法は、今日「怒りの連鎖」が起きて、翌日に「相手」から前日の「怒りの連鎖」のことを話題にしてきた時の方法です。

　まず、「怒りの連鎖」が起きた当日の夜、または翌朝に、「怒りの連鎖」のことを振り返っておくことが重要です。

　このケースの場合は、まず、最初に「相手の言動」のどの部分がきっかけとなって、「自分」が腹を立てたのかを考えます。そのきっかけに気づけたら、その時の「自分の気持ち、または感情」がどうだったのか、率直に振り返ってみることにします。

　そして、相手が前日の「怒りの連鎖」のことを話題にしてきた時、自分から最初に「自分の気持ちや感情」だけを相手に伝えます。

　そして、どうして自分がそういう気持ちになったのかを、相手が怪訝そうにしている場合に、自分が怒りを発するきっかけとなった「相手の言動」を説明します。

　この時のポイントとしては、やはり「相手」を非難していない点です。私の「気持ちや感情」を述べているだ

けです。相手は、それが良い悪いと判断するわけにはい
きません。

　また、自分が怒りを発するきっかけとなった「相手の
言動」も、それが私の「気持ちや感情」につながってい
る説明であると、相手は理解します。

　そしてこの機会が、相手に「自分のこだわっている
点」が何かを知ってもらえるチャンスになるかもしれま
せん。

④「甘え」と「寛容」をどう捉えるか

　そもそも、人には「マズローの5段階欲求説」の「所
属と愛の欲求」は常にあって、死ぬまで続くと考えられ
ます。

　従って、その欲求を否定することはできないと思いま
す。

　つまり、自分を受け入れてくれる親密な他者に「甘
え」たり、他者の行動が自分の期待を下回ると「怒り」
の感情が湧き起こることが生じます。

　ただ、上司部下の関係で生じる「パワーハラスメン
ト」や親の子供への一方的な期待による「子供への過度
なプレッシャー」は、避けたい気がします。

　それでは、一体どうすれば、それらが避けられるので
しょうか？　そのためには、どうしても「精神的成長」
が欠かせません。

「赤ん坊」は極端な「甘え」の状態であり、全ての人はその状態から始まるといえます。その後の経験を通して、徐々に精神的に成長していきます。ただし、それは人によって、かなり大きな差が生じます。

私自身を振り返ってみると、還暦を過ぎてCDAの資格を取得して、カウンセリングを行う中で、「精神的成長」を意識し始めたと言っても過言ではありませんでした。

60歳以前の私は、本当にゆっくりとした遅々とした精神的成長のスピードだったと痛感します。
「精神的成長」の度合いは、実際の年齢や性別には、全く関係しないと断言できます。
「赤ん坊」の「甘え」は許容できても、大の大人の「甘え」を許せないという気持ちは人情として理解できますが、それは「思い込み」であると思います。

それでは、私自身はどのようにして還暦を過ぎて「精神的成長」を意識し始めたのでしょうか？

今振り返ってみると、「自分の価値観」「自分の夢」「なりたい自分」を明確に自覚したことが、大きな転機になったと思われます。

自覚した後、「自分の夢」や「なりたい自分」に引っ張られるようにして、仕事やプライベートの生活をしてきたように感じています。

また、カウンセリングを行うことで、自分とは全く違

う「価値観」を実感することができました。

　本当に、人は「個性豊か」で、多様性に富んでいることが、肌で感じられました。と同時に、自分自身の中にある「欲望や感情」などを通して「人間の本質」と思える共通性を自覚できるようになってきました。

　自分が気づいた「人間の本質」という視点で、カウンセリングの相手を捉えられるようになってきました。

　そして、「自分の価値観」「自分の夢」は、どんな人であっても、どんな形であっても持っているものですし、それを自覚してほしいと思います。

「なりたい自分」「相手の価値観」を自覚して、さらに「精神的成長」を促進したいと望む人は「内省」の練習をしてもらえれば良いでしょう。

　それでは、「精神的成長」が進んでくると、人はどう変化していけるのでしょうか？

　子供時代は、通常利己的で親に物心ともに依存しています。それは、「自分だけは生き延びようとする」ことが人間の本能だからだと思います。

　成人式を迎えた後も、「無意識の自分」だけでも、あまり不自由を感じることなく暮らしていけます。つまり、通常は「劣等感」や「ねたみ」や多くの「こだわり」を持った状態で、大人として生活していきます。

　人それぞれですが、ある転機を迎えると、急に精神的

に成長することがあります。年齢に関係なく、子供でも精神的に成長している人はいます。

その時には、「相手」に甘え、「相手」に依存していた状態だけでなく、「相手の甘え」を許し、何事も自分で行うように変化していきます。つまり、「寛容」の精神が芽生えていくようになります。

その後は、「甘え」の頻度と「寛容」の頻度が、どの程度現れるかということだと考えられます。

ところで、人は多様性に富んでいるので、世の中にはいろいろな「価値観」や「性格」の人がいます。従って、どんな人の利己的な「わがまま」も、全て許容することが良いとは思えません。つまり、全ての人に対して「寛容」な精神で受け入れることが、良いとは思えません。

そこで、社会人としては、「自分で考えて行動する」ことが一番重要なのだと考えます。

例として、上司から法律上問題となる行為を、業務上必要だから行うように言われたケースを考えてみましょう。

法律上問題となる行為として、例えば、粉飾決算や品質異常隠しなどが考えられます。その時、部下は「精神的成長」が進んでおり、大抵の人たちのわがままを受け入れられる人物になっていたと仮定しましょう。

　この場合、上司は何らかの理由から一方的に部下に法的問題がある業務を遂行することを期待しています。つまり、上司は部下に「甘えて」いる状況です。

　この場面で、この部下は、上司の「甘え」を受け入れるのか、拒否するのかを判断することになります。

　ここでは、一つのアプローチを説明したいと思います。決して皆さんが、これと同じようにすることを望んでいるわけではありません。本来、各自で判断することが重要だと思います。

　まず、どうして、上司は法的問題があることを承知していながら、その業務を行おうとしているのかを想像してみます。

　もし、その理由が分からない場合は、上司の「価値観」を想像してみます。「価値観」は、日頃よく使う言葉や行動に現れます。上司の言動を思い出してみると、必ず気づくことがあります。

　上司にとってのメリットや上司の「価値観」から、その理由を想像できたとします。

　次に、どうして、上司は自分でその業務を行わずに、私にその遂行を依頼してきたのだろうかという点を想像してみます。

　上司が自らリスクを取ることを回避しているのか、私のことを「秘密を守る」「頼みやすい」「信頼している」と判断しているから、などと想像してみます。

そして、上司が法的問題の業務を行う理由や私に依頼してきた理由が、想像できたとします。

　そこで、自分自身に問いかけることになります。自分は、この上司と地獄まで付いていく覚悟があるのかどうか？　つまり、今回だけとは限らない可能性もあります。

　また、繰り返し行っていると、いつかその問題が明るみに出る公算があります。もちろん、1回だけでも世に知れることもあり得ます。その地獄のような場面を想定しておくことが重要です。

　大抵の場合、そこまでの覚悟を持てないと思います。

　そして、自分の「価値観」「夢」「なりたい自分」を思い出してみてください。

　それらが指し示す方向に、今回依頼された法的問題の業務遂行があるのかどうかということです。自分の直感を信じることが重要です。

　その結果、ようやく、上司のわがままを拒否することを決心したとします。

　次に、今後どのような行動をとることが、最適かを検討して実行することが求められます。

　まず、社内制度に「コンプライアンス違反」が相談できる窓口があるかどうかを調べます。ある場合は、一番信頼できる窓口に相談します。

　そして、社内に相談窓口がない場合は、自ら考えることが求められます。

　ここでは、一つの方法を提示しますが、その方法が可能かどうかは、各自よくお考えください。

　まず、依頼してきた上司との仲が悪くなることは承知しておくことは必要です。しかし、依頼された自分が、この会社で従来通り勤められなくなることは、当然回避する必要があります。

　そこで、考えられる方法として、「自分で判断できずに、同僚に相談した」という言い訳を用意して、それを実行するという方法です。

　もちろん、一人の同僚に話したからと言ってすぐに変化があるとは思えません。しかし、できるだけ多くの同僚に話すことによって、必ずこの秘密事項が秘密でなくなってきます。

　そうすると、その話は依頼してきた上司の耳にも入ることとなり、呼び出されるかもしれません。そこで、「自分で判断できずに、同僚に相談した」という言い訳を説明することになります。

　その後、どうなるかは分かりませんが、秘密でなくなることから、法的問題の業務が行われなくなれば、会社にとっても有効なのではないでしょうか。

⑤人間の本質について

「精神的成長」の過程で、自分の中にある「真の原因」が、自分以外の人たちとも共通であることに気づけるよ

うになります。

　つまり、「人間の本質」に気づくことができます。

　ここでは、私が気づいた「人間の本質」の例をいくつか記載したいと思います。

「人間の本質」と言っても、理論的に複雑なものではなく、極めて簡明なものです。

1）「人は、欲望と感情の動物である」

　まず、最初に自分の心の中にある「感情」、そしてその背景になっている「欲望」に気づきます。と同時に、周囲の人たちも同じであることに、すぐに気づきます。

　私は、「感情」を抑制したり、「欲望」をなくそうとしたりすることは、本来人間が持っている「本能」に逆らうことだと思いました。むしろ、「感情」や「欲望」を肯定的に捉えようと思いました。

　そう思うと、自分の「負の感情」は自分を苦しめようとしているのではなく、「不安」は自分に「安心できない」というサインを送っていると思えるようになりました。

　問題となるのは、「負の感情」を抱え続ける時間の長さだと思いました。「負の感情」を持っている時間が、短ければ良いと考えるようになりました。

　また、「欲望」はこの世の中を生き抜くための原動力

になると感じました。

　問題となるのは、果てしなく「欲望」に執着すること
だと思いました。自分の夢を実現させるのに、必要な
「欲望」だけで良いと考えるようになりました。

２）「人は、一人では生きていけない動物である」

　最初の段階では、私は「一人だけど、一人ではない」
と思っていました。それは、「今自分は一人で自立して
いるけれど、仲間がいるので一人ではない」と考えてい
ました。

　ところが、ある時、自分は本当に一人だけで生きてい
るのだろうかと疑問に思いました。

　当初は、子供時代と介護が必要となる高齢者となって
からが人生の中で、一人では生きられない時期だと思っ
ていました。

　しかし、よく考えてみると、毎日食べる３度の食事も、
自分一人が自給自足で作っているわけではないことに気
づきます。日本を含む世界中の見ず知らずの人たちに
よって作られた作物を、また見ず知らずの人たちによっ
て運ばれ、販売されて、自分は生きているのだと思いま
した。

　また、同時に精神的にも、一人だけでは生きていけな
いと気づきます。人は誰かと話したい、つながっていた
いという欲求が、常にあります。誰も、一人壁に向かっ

てしゃべる人はいません。聞いてくれる人がいるから、話すのだと思いました。

ところで、次は「人間の本質」ではありませんが、社会全体に関する気づきです。それは、『人の社会は、「わがまま」と「わがまま」とのせめぎ合いのようなものである』という言葉です。

これは、1)「人は、欲望と感情の動物である」と、「自分を受け入れてくれる親密な人に、甘えることは死ぬまで続く」を組み合わせてみました。

企業の視点で考えれば、大会社での粉飾決算や品質異常の隠蔽などが発生しています。どうして、そういう事態が発生するかというと、会社の中での一部の人たちにとって都合が良い利己的な「わがまま」が原因だと想像できます。

ここで、私がどのように考えているのかを書いておきます。

この考え方は、人によって異なると思っています。

いつも「相手の甘え」である「わがまま」を許すだけではなく、拒否することも必要になってきます。

そして、私が考える拒否したい「わがまま」とは、一体どういうことなのかを書いてみます。

①相手に危害を及ぼす「わがまま」

　危害とは、相手の身体を傷つけたり、相手の命を奪うことです。

　また危害とは、相手の人間性を傷つけるような言葉の暴力で、相手に精神的なダメージを与えることです。

②私利私欲のために不正を行ったり、その不正を強要する 「わがまま」

　この２つの「わがまま」を、私は拒否したいと考えています。

　逆に言えば、それ以外の相手の「わがまま」は、極力許容していきたいと私は思っています。

　現在、日本の社会人にとって「自分で考えて行動する」ことは、非定型業務や「非定型」＋「チーム責任」業務に携わるために必要なことです。

　ただ、それだけに留まりません。

「自分で考えて行動する」ためには、「相手」に甘え「相手」に依存していた状態だけでなく、「相手の甘え」を許し何事も自分で行うように変化していくことが求められます。

　しかし、それだけでは不十分です。

　いつも、「相手の甘え」である「わがまま」を許すのではなく、拒否することも必要になってきます。

それが、『人の社会は、「わがまま」と「わがまま」とのせめぎ合いのようなものである』という言葉に現れているように感じています。

あとがき

　この本は、「精神的成長とは何か？」というタイトルにして、カウンセリングを行う人にとって、人材支援の場面で活用できることを主眼に書きました。

　実は、カウンセリングの資格を取る際に、グループによる実技研修を行います。私にとっては、全ての研修が新鮮でした。

　そして、生まれて初めて、自分自身の過去を振り返り、自分の「価値観」と向き合う経験をしました。

　でも、その実技研修だけでは、何か物足らない感覚がありました。

　最初は、それが何なのか全く分からない状況でした。実際のカウンセリングの場面で試行錯誤を繰り返しながら、効果があるかどうか探りながら進めていったのが実情です。

　ただ、カウンセリングでは、その効果は終了時のクライエント（相談者のことを、このように呼びます）の表情を見れば、すぐ確認できました。すなわち、クライエントに教えてもらいながら、このような本が書けるまでになりました。

しかし、資格を取得したけれども、カウンセリングの機会に恵まれない人たちが多いことも現状です。ところで、カウンセリングの資格を取る時に、いろいろな理論を知識として習いますが、実際のカウンセリングの場面ではほとんど役に立ちませんでした。

　まずは、このような実践的な本がたたき台となって、現在カウンセリングを実際に行って創意工夫しておられる方の刺激になればと思っています。

　この本に書いた「方法」だけで良いとは、全く考えておりません。本来、いろいろな「方法」があるのが当たり前だと思っております。この本を読んで刺激を受けた方との交流ができれば、本当に幸いと考えております。

　この本で主張したいことをまとめてみると、以下のようになります。

　それは、「自分の好きなことを、しつこく求めていけば、自分の幸せが何なのかが気づけるようになる」ということです。

　その幸せが人によって全く違っていることが、人の多様性であり個性なのだと考えます。もちろん人は本能のまま生き続けることはできますが、自分の望む人生を歩むこともできる動物だともいえます。

　精神的成長は、自分の望む人生を歩むための手段のように感じています。

　この本を執筆するに当たり、本当に多くの人の支援を受けました。

　私には、娘が二人います。その娘婿の吉川彰さんと奈良成記さんには、第1章から第3章の最初の箇所で、読者目線での助言をいただきました。

　特に、セイコーインスツル株式会社の広川登久夫さんには、全章にわたって助言をいただきました。

　そして、文芸社の出版企画部の青山泰之さんや編集担当の西村早紀子さんには、大変お世話になりました。

　皆様のご支援をいただいて、ようやくこの本が完成いたしました。

　本当に感謝しております。

著者プロフィール

羽東 良夫（はとう よしお）

1952年、大阪府生まれ
大阪大学理学部物理学科卒
2017年より「持続経営」代表

日本の産業を下支えしている中小企業の経営者や後継者の「人材育成」
を行う経営コンサルタントとして活動中。

精神的成長とは何か？

2021年11月15日　初版第1刷発行

著　者　羽東　良夫
発行者　瓜谷　綱延
発行所　株式会社文芸社
　　　　〒160-0022　東京都新宿区新宿1－10－1
　　　　　　　　　電話　03-5369-3060（代表）
　　　　　　　　　　　　03-5369-2299（販売）

印刷所　株式会社フクイン